Isle of Skye

Inverness

Loch Ness

Aberdeen

Fort William

Scotland

Dundee

Loch Lomond

St. Andrews

Stirling

Glasgow

Edinburgh

Giant's Causeway

Londonderry

Northern Ireland

Carlisle

Durham

Belfast

Armagh

Windermere

Isle of Man

Ripon

Lancaster

York

Preston

Leeds

Manchester

Isle of Anglesey

Liverpool

England

Bangor

Stoke-on-Trent

Nottingham

Wolverhampton

Peterborough

Norwich

Wales

Worcester

Stratford

St. Davids

Gloucester

Cambridge

Oxford

Swansea

Windsor

London

Cardiff

Bath

Wells

Winchester

Exeter

Plymouth

Jersey Island

INDEX

第三章
住在英國

**第四章
學在英國**

**第五章
職場在英國**

**第六章
稅務在英國**

**第七章
行在英國**

代序

英國政府由 2021 年 1 月 31 日開始，對香港居民推出英國國民（海外）護照（BNO）擴權計劃，即「香港 BNO 簽證」Hong Kong BN(O) Visa，容許合資格 BNO 港人與家人申請特別簽證，可以一次過申請到英國五年居住及工作，合資格者在當地居留五年後，更可以申請定居，然後在定居滿一年之後，申請做英國公民。

相對於其他歐美國家的移民門檻，通過 BNO 移民到英國實在容易得多，但移居外國並不是一件輕鬆的事，大量準備功夫需要預先計劃，例如如何申請簽證？申請的時候應該填什麼文件、準備什麼資料、到哪些部門申請？出發到英國前要準備什麼？到達英國後要做什麼工作，例如到警署報到、申請手提電話網絡卡、開銀行戶口等？當然更重要的事情，就是在英國如何找適合工作、替孩子找學校、買樓或租樓、交通安排等，如果你從未試過在英國長期居住，對新環境人生路不熟，很容易會搞到一頭煙，甚至錯漏百出。

5

UK 英適生活

本書作者是在倫敦工作的土生土長香港人，在多年前來到英國的時候，第一次離開本身的舒適圈，每日面對生活大大小小問題，也試過帶來很多煩惱，但最後通過不斷的努力，成功適應英國新環境，過著安穩的英式生活。如果你屬於 300 萬合資格的 BNO 持有人，目前正考慮是否通過 BNO 申請特別簽證，這本《英適生活》可以作為你的明燈，讓你了解申請 BNO 及各式簽證的詳細流程，以及在英國生活的基本資料，讓你可以更加考慮清楚，移民英國是否合適的選擇。

林一鳴

資深投資者

作者序

我們是幾個在香港土生土長的香港人,現正在倫敦工作及生活。記得初初來到英國時,第一次離開熟識的環境到新的地方生活,每日都要面對各種生活疑難,有時亦會感到很無助,即使不斷 Google 也未必能得到解答。

有不少新來到英國的朋友亦經常向我們求助,發覺每次逐一回答也不太有效率,所以決心建立一個英國生活指南網站——「英適生活」,將我們所知所經歷過的都寫下來,方便解答朋友疑難,亦同時可以幫助其他有需要的人,希望能成為大家心目中最可靠的英國生活指南。

初期的工作最為艱辛,建立和設計網站、寫稿、找圖等等都由我們一手包辦,好像有了另一份全職工作般。經過大家的努力,網站終於出爐,收到的反應亦不錯,也接收到不同建議和意見,更完善了網站的設計和用家體驗。網站及 facebook 專頁經營了近半年,有幸得到不少朋友及港人支持,在執筆之時專頁已有超過一萬人 follow,實在遠超我們的預期。

UK 英適生活

早前接到出版社的邀請出版有關移民英國的書籍，雖然我們當初並無此打算，但商議後亦覺得出書跟我們當初的意念方向一致，所以決定接受邀請。我們亦以此為推動力，發奮撰寫更多文章，豐富了我們網站所涵蓋的內容，希望可以幫助到更多有意移民或短期到英國生活的大眾。

自 2020 年 7 月英國公佈 BNO 簽證給予港人簡易的移民機會，越來越多人因為種種原因而打算移民英國，移民要面對的困難和文化衝擊，需要很大的決心和家人的支持。香港人能夠衝破過去的重重難關，相信移民這一關也同樣能闖得過。

希望各讀者在此書和我們網站的協助下，一如我們網站名字「英適生活」，可以盡快適應英國新環境，早日過著舒適的英式生活。

在此將這書獻給每一位香港人。
香港人 加油！

英適生活

註：本書所有資訊，更新至 2022 年 9 月 30 日止。要獲取最新的資訊，可直接瀏覽【英適生活】網站 https://living-guide.uk/

BN(O) 簽證最新消息

BN(O) Visa 簡介

BN(O) Visa 是英國政府為持有英國國民（海外）身分的香港人而設，並已於 2021 年 1 月 31 日開始接受申請及生效。申請條件絕對比其他類型簽證來得寬鬆和少限制。無論 BN(O) 持有人現時在香港還是在英國當地皆可申請，即使現時是以其他簽證居留在英國亦可轉換到此簽證。持有這個簽證的人士，可以帶同家屬於簽證有效期間自由地在英國工作或讀書，雖然不可以領取社會福利及援助，但中小學生仍然可以享受免費教育。

UK 英適生活

申請資格

- 持有 BN(O) 身分，曾經（不需要現時持有有效 BN(O) 護照，過期或遺失不需續領也可）或現時持有 BN(O) 護照
- 通常居住在香港或英國
- 若在英國境內申請，申請人及其家屬必須通常居住在英國（包括皇家屬地的 Jersey、Guernsey、the Isle of Man）或香港
- 若在英國境外申請，申請人及其家屬必須通常居住在香港
- 須通過財力證明（申請人需要證明有足夠財力維持六個月生活，如申請人已在英國居住一年或以上可豁免）
- 須通過肺結核病測試（如申請人之前已獲准在英國居住六個月或以上，而又曾經通過肺結核病測試的則可豁免）

英國政府將於 2022 年稍候時間（預計為 10 月）放寬申請資格，屆時將會接受 1997 年 7 月 1 日或以後出生而又年滿 18 歲，且至少有一位父母擁有 BN(O) 身分的香港人申請 BN(O) Visa。 申請人將能夠獨立於父母申請，亦可帶同自己家屬赴英。

簽證年期及權利

- 可以申請五年期，或先申請兩年半之後再續期兩年半，如果想繼續留在英國生活，可以於居住五年後申請永久居留，然後一年後可申請入籍
- 可帶同同住家屬：包括伴侶 / 配偶、未滿 18 歲子女、1997 年 7 月 1 日後出生的 18 歲以上子女（及其伴侶 / 配偶和未滿 18 歲子女），而父母、祖父母、兄弟姊妹及其他子女等會按個案而定
- 可在英國建立事業、工作或讀書，但申請者並不能領取社會福利及援助

名額及申請方法

· 簽證不設限額

· 申請人可選擇到（香港）北角或鰂魚涌的 VFS 簽證中心，或（英國）UKVCAS 簽證中心提交指紋及拍照以完成申請手續，開始申請可到 GOV.UK 英國國外/ 英國國內網頁。申請人及其家屬必須於簽證批出後 90 天內抵達英國

· 或利用電話應用程式「UK Immigration: ID Check」掃描護照（只限 BN(O)、特區護照或歐洲經濟區 (EEA) 護照）以完成申請手續而毋須到簽證中心再作辦理。經此方法申請的話毋須於簽證批出後 90 天內抵達英國，但將不會獲發居民證 BRP

· 如以家庭為單位申請，主要申請人（即 BN(O) 護照持有人）要先申請並獲得參考編號－Global Web Form (GWF) 或者 Unique Application Number (UAN)，然後其他一同申請此簽證的家屬需要在同日內另行申請，並於申請時報上主要申請人的參考編號

· 如有家屬沒有跟主要申請人同時提出申請，他們日後將無法再申請此簽證，如申請人於日後結識新伴侶，則不在此限。而未滿 18 歲子女亦必須跟父母兩位同時申請，特別個案除外（如單親等等）

· 若申請人及其家屬於不同時間抵達英國，將來未必會在同一時間符合資格申請永久居留，屆時便需要額外申請簽證續期，才能滿足五年的永久居留申請要求

· 審批需時大約 12 星期

費用

· 簽證費（每人）五年期 £250 或兩年半期 £180

· IHS 費用：

　　· 成人－五年期 £3,120 或兩年半期 £1,560

　　· 18 歲以下兒童－五年期 £2,350 或兩年半期 £1,175

· BRP(英國居民證) 費用（每人）：£19.20

所需文件

- 有效護照－如沒有有效 BN(O) 護照亦可使用特區護照
- BN(O) 護照（有效或過期均可），如遺失的話請以身分證明文件供查核 BN(O) 身分
- 肺結核病測試結果
- 財力證明－如申請人已在英國居住一年或以上則豁免
  - 銀行月結單－以證明儲蓄金額、工作收入、任何其他收入（如租金收入）
  - 糧單
  - 自僱收入證明
  - 租金收入證明
  - 朋友或家人的信件，並附上他們的財力證明，證明他們有足夠財力或在英國提供住所，以支援申請人及其家屬在英國維持生活
  - 上述文件必須以英文書寫，或附上英文的認證翻譯，而其中一份必須於遞交日期 31 日內發出
- 住址證明－申請人家屬必須證明與申請人同住
  - 租約或按揭證明
  - 水、電、煤賬單
  - 簽證、居留許可或其他移民文件（或彩色影印本）
  - 公司受僱信件
- 親屬關係證明
  - 結婚證書
  - 出世紙
- 以上文件詳情及其他所需文件會在申請表上列明

財力證明金額

所需金額，先減去住宿成本後（因應預計的居住城市、房屋類型及大小等價格各異），與英國政府所發的低收入補貼相同（以六個月計算）：

單人	單身（16 至 24 歲）— £1,531.40 單身（25 歲或以上）— £1,933.10
單親家庭，未滿 16 歲子女不需計算	單親父或母 — £1,933.10 單親父或母，及一名 16 至 24 歲子女 — £3,464.50 單親父或母，及兩名 16 至 24 歲子女 — £4,995.90 單親父或母，及三名 16 至 24 歲子女 — £6,527.30
雙親家庭（夫婦、子女），未滿 16 歲子女不需計算	夫婦／伴侶二人 — £3,036.80 夫婦／伴侶二人，及一名 16 至 24 歲子女 — £4,568.20 夫婦／伴侶二人，及兩名 16 至 24 歲子女 — £6,099.60 夫婦／伴侶二人，及三名 16 至 24 歲子女 — £7,631.00
三代家庭（祖父母、夫婦、子女），未滿 16 歲子女不需計算	夫婦／伴侶二人，父母二人 — £6,073.60 夫婦／伴侶二人，父母二人，及一名 16 至 24 歲子女 — £7,605.00 夫婦／伴侶二人，父母二人，及兩名 16 至 24 歲子女 — £9,136.40 夫婦／伴侶二人，父母二人，及三名 16 至 24 歲子女 — £10,667.80

例子（以下居住成本只作參考，需因應自己喜好及選擇而增加或減少）：

例子 A，25 歲以上單身，預算六個月居住成本為 £6,000（每月 £1,000），財力證明至少需要金額 £7,934，減去居住成本剩下的金額才達至上述計算之 £1,933.10。

例子 B，夫婦二人及兩名 16 歲以下子女，預算六個月居住成本為 £7,200（每月 £1,200），財力證明至少需要金額 £10,237，減去居住成本剩下的金額才達至上述計算之 £3,036.80。

例子 C，夫婦二人及兩名 16 至 24 歲子女，預算六個月居住成本為 £9,000（每月 £1,500），財力證明至少需要金額 £15,100，減去居住成本剩下的金額才達至上述計算之 £6,099.60。

例子 D，夫婦二人、父母二人及兩名 16 至 24 歲子女，預算六個月居住成本為 £12,000（每月 £2,000），財力證明至少需要金額 £21,137，減去居住成本剩下的金額才達至上述計算之 £9,136.40。

永久居留及入籍

· 以此簽證在英國居住滿五年，可以申請永久居留，申請條件中有列明逗留在英國的日數等要求，詳情請參考詳談申請永久居留權 (ILR) 一文。

· 若在申請此簽證時以其他符合申請永久居留資格 (Routes to Settlement) 的方式在累積年期，比如工作簽證 (Work Visa)，現已累積的年期亦會計算在將來申請永久居留時所需的五年年期之內。

· 相反，學生簽證 (Student Visa) 或工作假期簽證 (T5 Visa) 本來就不符合申請永久居留資格 (Not Routes to Settlement)，故此所花的年期亦不會計算在將來申請永久居留時所需的五年年期之內。

· 在取得永久居留權後在英國再居住滿一年，可以申請入籍，同樣地亦要滿足逗留在英國的日數要求。

BN(O)簽證網上/手機申請流程

申請 BN(O) 簽證除了可以在網上申請，也可以用手機應用程式申請。在網上申請填妥表格後，仍要親身到簽證中心完成身份確認手續，而手機程式則連身份確認手續也能透過手機辦妥，絕對是一步到位。但由於部份 2019 年中前簽發的特區護照晶片無法被應用程式閱讀，因此持有該類護照的人士仍然需要選擇親身到簽證中心進行身份驗證手續。

網上申請 BN(O) 簽證簡易流程

• 於網上完成申請手續

https://www.gov.uk/british-national-overseas-bno-visa/apply-from-outside-the-uk

• 支付 IHS 及簽證費用
• 於 VFSHK 上載文件及預約時間
• 到簽證中心提交文件及完成生物辨識資料驗證手續
• 等待結果，並到簽證中心取回護照及文件

網上申請 BN(O) 簽證全程紀錄

https://living-guide.uk/visa-ilr/visa/bno-application-steps

手機程式申請 BN(O) 簽證簡易流程

由 2021 年 2 月 23 日起，BN(O) Visa 申請人及其家屬可以利用電話應用程式「**UK Immigration: ID Check**」掃描護照（只限具有生物辨識資料的 BN(O)、特區護照或歐洲經濟區 (EEA) 護照）而毋須到簽證中心來辦理身份驗證手續，程式使用方法亦十分簡單。經此方法申請簽證者，由於日後可以在程式內翻查個人居留資料，因此將不會獲發 BRP。

系統要求

Android 用戶：

Android 6.0 或以上版本

支援 NFC（如果可以使用 Google Pay，則說明電話具有 NFC 功能）

iPhone 用戶：

iPhone 7、7 Plus 或以上版本

iOS 13.2 或以上版本

- Part 1 Identity and Contact 個人資料及聯絡方法
- Part 2 Prepare Application 準備申請
- Part 3 Pay 付款
- Part 4 Provide Evidence 提供證明

手機程式申請 BN(O) 簽證全程紀錄

https://living-guide.uk/visa-ilr/visa/bno-application-steps-mobile

英國生活費真實個案分享

很多人說英國消費水平高,特別是倫敦,在決定來英國之前,生活成本絕對是你的一大考慮。筆者搜集了一些數據和資訊,也特地詢問了身邊不同背景朋友每月的開支,製作了以下的開支表。本文只談食住行(衣服方面十分個人,故不作研究),簡單提供英國生活水平數據。根據 Numbeo.com,2022 年每個成年人在倫敦不計算租金的開支為約 £921.74。希望打算移居英國的讀者,能在下文找到近似自身處境的組別,可以對未來的開支作大概的預算。

【倫敦】

個案一（單身）

二十多歲上班族，五天工作，購買食材以本地超市為主，大多自行煮食，間中購買外賣，每月外出用餐約六至八次，居住於倫敦 Zone 2 Shared House。

類別	簡介	每月開支（£）
租金	倫敦 Zone 2 Shared House，租金和水電雜費與三名室友共四人平分	660
交通	公司在 Zone 1，故購買 Travelcard	147.5
食材及日用品	甚少到亞洲超市，多在本地超市購物，食物簡單為主	135
午餐	工作日午餐以超市 Meal Deal（即一份三文治、零食和飲品）為主	90
晚餐外賣	速食為主	100
外出晚餐	亞洲餐廳為主，約每餐 £25	200
興趣及訂閱服務	踢足球、健身室會籍等	80
理髮	barber shop，每個月一次	10
其他雜費	電話服務等	50
總結	連租金及住屋相關雜費 不連租金及住屋相關雜費（除去首項）	1,472.5 812.5

個案二 (單身)

三十多歲在銀行上班,五天工作,平日大多自行煮午飯及晚飯,也會外出用餐約六至八次,居於倫敦西南邊 Zone 3 一房 Flat。

類別	簡介	每月開支(£)
租金	倫敦 Zone 3 一房 Flat	1,550
水、電、天然氣及上網費	各樣服務大約 £45	180
Council Tax	單人住宿,因此享有 25% 減免	90
交通	公司在 Zone 1,每日來回需坐 Underground	173.6
食材及日用品	除了在本地超市外還會到亞洲超市購物	180
午餐	工作日午餐以自備飯盒為主,亦有時會在公司飯堂買午餐	60
晚餐外賣	甚少點外賣,每月只有一至兩次	30
外出晚餐	多數周末在外晚餐,每餐約 £15-20	150
興趣及訂閱服務	TV Licence、Netflix、Spotify 等	25
理髮	barber shop,每兩個月一次 £10	5
其他雜費	電話服務等	50
總結	連租金及住屋相關雜費	2,493.6
	不連租金及住屋相關雜費(除去首三項)	673.6

個案三（單身）

二十多歲，居於西倫敦 Zone 2，公司位於西倫敦 Zone 3，五天工作，出入以電單車代步為主。

類別	簡介	每月開支（£）
租金	倫敦西區 Zone 2 Shared House，與 5 名室友同住	600
交通	上班主力以電單車代步，故此公共交通開支相對較低	40
電單車	汽油費 £70、保險 £30、保養維修平均約 £20	120
食材及日用品	食材和日用品主要均來自平價超市	150
早餐	公司提供	0
午餐	攜帶自備飯盒便當	0
晚餐	一個月約 4-6 次與朋友出外用膳，約每餐 £20	100
理髮	自行理髮	0
其他固定開支	踢足球、健身室會籍和電話服務等	80
總結	連租金及住屋相關雜費 不連租金及住屋相關雜費（除去首項）	1090 490

個案四（二人家庭）

三十多歲夫婦，兩人都在銀行上班，五天工作，晚飯間中在家準備或購買外賣，也會外出用餐約六至八次，居於倫敦東南邊 Zone 2 兩房 Flat。

類別	簡介	每月開支（£）
租金	倫敦 Zone 2 兩房 Flat	1,780
水、電及上網費	水費大廈全包、電費 £130、1G 光纖寬頻 £45	175
Council Tax	無減免	137
家居清潔	家務助理，兩週一次，每次兩個半小時	75
交通	二人公司分別在 Zone 1 及 2，每日來回需坐 Underground	220
私家車	休憩用，屋苑車位 £70、汽油費 £55、保險 £75、保養維修平均 £20	220
食材及日用品	除了在本地超市外還會到亞洲超市購物	220
午餐	工作日午餐主要在飯堂或附近外賣店購買，間中也會跟同事外出用膳	350
晚餐外賣	每星期點兩、三次外賣	150
外出用餐	周末間中在外用午餐或晚餐，每餐約 £30-50	300
興趣	踢足球 £80、二人健身室會籍 £42、酒吧消遣 £30、學音樂 £160	312
訂閱服務	TV Licence £13、Spotify £15、Skysports £55、BT Sports £30	113
理髮	華人理髮店（每月一次 £18）及日式理髮店（每三個月一次剪染 £87）	47
其他雜費	電話服務等	30
總結 （二人合共）	連租金及住屋相關雜費	4,129
	不連租金及住屋相關雜費（除去首四項）	1,962

個案五（三人家庭）

三十多歲夫婦，育有一子，丈夫在銀行上班，五天工作，太太是全職主婦。晚飯在家準備，也會買外賣或外出用餐約六至八次，一家三口居於大倫敦西南邊 Zone 6 四房 House。小朋友就讀半日 Nursery，不用學費。由於太太主力照顧小朋友，保姆費用可省每日數百到一千鎊。主要親子活動是踏單車、行公園、行森林。

類別	簡介	每月開支（£）
租金	倫敦 Zone 6 四房 House	2,400
水、電、天然氣及上網費	天然氣費£70、水費£60、電費£140、500m 光纖寬頻£30	300
Council Tax	無減免	225
家居清潔	一個月一次，包括整理花園	70
交通	丈夫公司在 Zone 1，每日來回 Zone 1 至 6 需坐火車	280
私家車	House 有車房泊車£0、汽油費£55、保險£75、保養維修平均£20	150
食材及日用品	除了在本地超市外還會到亞洲超市購物	780
午餐	工作日午餐主要在飯堂或附近外賣店購買，間中也會跟同事外出用膳	250
晚餐外賣	每星期點兩、三次外賣	150
外出用餐	周末間中在外用午餐或晚餐，每餐約£30-50	400
興趣	踢足球£40、健身室會籍£25、酒吧消遣£30、單車維修保養£15	110
訂閱服務	TV Licence £13、Spotify £15	28
理髮	丈夫每月£10、太太每三個月£20、兒子在家理髮£0	17
其他雜費	電話服務等	20
總結（三人合共）	連租金及住屋相關雜費	5,180
	不連租金及住屋相關雜費（除去首四項）	2,185

UK 英適生活

【倫敦以外】

個案六（單身）

二十多歲，居於英格蘭北部城市列斯 (Leeds) 市中心，公司也在市中心，五天工作，出入步行為主。多數自行準備早午晚餐，沒特別個人興趣，也較少出門消費。

類別	簡介	每月開支（£）
租金	英格蘭北的城市列斯市中心，與一名室友合租，月租£790	495
水、電及上網費	合共£150，二人平分	75
交通	步行上班，很少用公共交通	0
食材及日用品	食材和日用品主要來自區內小店，比大型超市化算很多	90
午餐	公司提供	0
外出用餐	區內外賣店及市場內熟食店，約每餐£8	80
理髮	香港／台灣髮型店（每幾個月一次）	10
其他固定開支	健身室會籍£25、電話服務£15	40
總結	連租金及住屋相關雜費	790
	不連租金及住屋相關雜費（除去首兩項）	220

個案七（二人家庭）

三十多歲夫婦，兩人五天工作，晚飯大多在家準備，間中也會外出用餐，居於英格蘭東南部城市雷丁 (Reading) 市郊兩房 Terraced House。

類別	簡介	每月開支 (£)
租金	英格蘭東南的城市雷丁市郊兩房 Terraced House	1,350
水、電及上網費	水費 £65、電費 £120、光纖寬頻 £25	210
Council Tax	減免	150
交通	妻子在市內工作，每日自駕上班；丈夫公司在倫敦 Zone 1，坐火車到倫敦再踏單車回公司通	400
私家車	屋前車位 £0、汽油費 £70、保險 £60、保養維修平均 £20	150
食材及日用品	除了在本地超市外還會到亞洲超市購物	150
午餐	工作日午餐妻子每日自備飯盒便當，丈夫買超市 ready meals	150
晚餐外賣	每星期點一、兩次外賣（每餐約 £25）	250
外出用餐	周末間中在外用午餐或晚餐，每餐約 £20-25	50
興趣	周末間中自駕去郊外行山、行花園（National Trust 會員費每月 £10）	10
訂閱服務	TV Licence £13、Spotify £15、Netflix £12	40
其他雜費	電話服務等	20
總結（二人合共）	連租金及住屋相關雜費 不連租金及住屋相關雜費（除去首三項）	2,930 1,220

個案八（二人家庭）

三十多歲夫婦，兩人自己做生意，五天工作，多數在家用膳，週末外出光顧 Cafe 及特色小店或探望朋友，居於英格蘭西北部城市曼徹斯特 (Manchester) Metrolink Zone 1 邊緣，坐輕鐵到市中心只需 10 分鐘。有時也會步行到市中心，只需 20 至 25 分鐘。特意選擇租住兩房兩廁單位，可以方便親友探訪及寄宿。

類別	簡介	每月開支(£)
租金	Manchester Metrolink Zone1 邊 緣 Loft Apartment 兩房兩廁	1,300
水、電及上網費	水費租金已包但要交排污費£9、電費冬天會比夏天多，平均一個月£130、寬頻£27	166
Council Tax	無減免	175
交通	二人市中心工作乘 Metrolink 出入 Zone1， 每人購買 one day travel card off-peak £1.9 (Zone 1 內) 20 日工作加週末出外	100
私家車	本身沒有買車， 但有時會租車購置家具，一日車租£80 連保險及油費	80
食材及日用品	除了在本地超市外還會到亞洲超市購物	350
午餐	多數在家準備	0
外出用餐	周末間中去 Cafe ， 光顧特色小店	280
興趣	網上自學，屋苑有健身室，租金已包管理費	0
訂閱服務	家中沒有電視，訂閱新聞 app £5、Apple Music £6	11
理髮	男自行打理， 女三個月一次剪染	25
其他雜費	電話服務等	38
總結 （二人合共）	連租金及住屋相關雜費	2,525
	不連租金及住屋相關雜費（除去首三項）	884

個案九（三人家庭）

三十多歲夫婦及一歲兒子，家中有一隻狗。夫婦二人五天工作，居於英格蘭中西部城市伯明翰 (Birmingham) 市郊四房 Semi-detached House。

類別	簡介	每月開支 ($£$)
租金	伯明翰市郊四房連車房 Semi-detached House	1,500
水、電及上網費	水費 $£$ 90、電費 $£$ 90、寬頻 $£$ 60	240
Council Tax	無減免	150
私家車	家有兩車，夫婦二人各自開車上班，每架車的稅項 $£$ 17、保險 $£$ 68、汽油及泊車等約 $£$ 70	280
食材及日用品	在本地超市及亞洲超市購物	150
午餐	各自公司飯堂每餐大約 $£$ 5	200
晚餐外賣	每星期點一外賣（每餐約 $£$ 20）	80
外出用餐	周末間中在外用午餐或晚餐，每餐約 $£$ 20-25	100
訂閱服務	Netflix $£$ 12	12
其他雜費	電話服務 $£$ 30、兒子 nursery $£$ 600	630
總結	連租金及住屋相關雜費	3,342
（三人合共）	不連租金及住屋相關雜費（除去首三項）	1,452

買英國樓防中伏

香港人都擁有買樓 DNA，相比起香港的天價，選擇英國置業，除了倫敦的黃金地段外，其他大城市如曼徹斯特、伯明翰及利物浦等，全新的單位不過二百多萬港元，價錢只是香港一個普通單位的 1/3。加上近年的移民潮，無論是物業投資或自用都需求甚殷，促使大批港人入市，但偶爾亦有買樓「中伏」的故事。這裡特別綜合了買英國樓四大陷阱，希望讀者以此為鑑，能夠更精明置業。

陷阱一：租金回報

許多在香港促銷的英國樓盤，都以租金回報保證招徠顧客，甚至有推銷英國酒店項目的發展商，標榜長達 6 年每年 7 厘的租金回報保證。但原來大部分的包租服務，都是發展商外判予包租公司承辦，假如包租公司倒閉，發展商便置身事外，買家亦追討無門。所以準買家一定要查清物業租務是外判還是由發展商親自承辦，並要釐清一旦包租公司倒閉，租金保證將會如何安排。

陷阱二：樓花爛尾

爛尾樓在香港已非常少見，但英國幅員遼闊，就算在倫敦，都會有樓盤爛尾的事故。買家交付按金購買樓花，一心等候物業入伙，卻因為發展商資金周轉不靈，或未取得政府批文而延期落成甚至爛尾。準買家為求自保，切勿在樓花階段「一炮過」繳付全部樓價，也應盡量找一些較大型的地產代理及著名發展商，減低爛尾風險。

陷阱三：苛刻租約

英國物業有分為 Freehold「永久業權」及 Leasehold「租賃業權」，一般的新樓及二手樓，買家購入的只是物業的「租賃業權」，而物業所在的土地，仍由擁有「永久業權」的地主擁有。業主要遵守地主的租約，更要繳付地租。如果業主遇上苛刻的地主，不但限制物業的使用及維修，更要長期繳付地租。所以購買物業時，一定要弄清楚物業的業權、租約的年期及地租的安排。有關詳情可參閱本書第三章關於業權的文章。

陷阱四：按揭被拒

假如手頭資金有限未能「一炮過」付清樓價，申請按揭是重要的一步。原則上只要是英國簽證持有人，簽證的餘下年期最少六個月至一年，便可以在英國申請按揭。不過能否上會，還涉及很多因素，包括申請者收入、物業估價不足、物業租約太短(少於 80 年)，甚至沒有能源性能證書 (Energy Performance Certificate)。假如購入物業後才發現難以上會，或只能作低成數的按揭(一般物業可以作七成按揭)，供樓便會很吃力。

避免成為受害者，買英國樓時便要留意以下事項：
1. 買樓前最好親身到當地視察，最好選擇現成樓。避免買樓花，減少遇中伏的爛尾樓。
2. 留意目標區份的有關新聞，如經濟、人口、就業情況及學習環境等，最好在市中心或成熟地區。
3. 最好有親戚或朋友在當地居住，可更了解當地情況。

4. 別盲目相信樓盤廣告、投資專家或 KOL 的置業區份貼士。

5. 建議找一家可靠的發展商，於買樓前先了解發展商的公司背景，最好年資至少 10 年，如果是上市公司更有保障。

6. 如購買樓花只需支付 10-20% 首期，收樓時才支付樓價餘額，如起樓期間發展商不斷向買家索取不同比例的樓價費用，便需小心。

7. 聘用當地代理協會認可的地產代理，雖然過程需花較長時間，但遇上事故也不致投訴無門。

8. 買樓過程及成交均要由律師及公證行作為中間人，於成交前聘用專業測量師檢驗物業。

9. 初次買樓或投資者，可選小型單位，上車門檻金額較低，先了解一下買樓流程。

10. 要考慮回報率、升值潛力，賣出轉手手續及靈活性。

英國一般正常買樓程序

不少港人都會選購英國的一手全新物業，但有部份發展商在起樓期間，已不斷向買家索取不同比例的樓價費用，所以買家及投資者在物業項目落成前，儘量不要支付超過樓價 40% 的訂金，避免日後有過多損失風險。以下是買英國全新物業的大概流程：

1. 細訂金： 一般會要求準買家在簽署《初步買賣協議》及支付 2,000-5,000 英鎊作為保留物業的細訂金。

2. 律師買賣程序： 開始進入買賣程序，買家必須委托律師代表自己與賣方律師完成買樓的手續。

3. 大訂金： 一般在支付細訂後的三個月內買家需要支付首期，首期多為樓價 10-20%，並存於發展商的律師樓戶口內。

4. 尾數： 在項目落成時，再支付其餘的尾數，律師會通知買家收樓，買家可親身到當地驗樓或委託驗樓師代辦。

詳盡置業過程及需要留意事項，請參閱本書第三章關於買樓的部分。

全英各大城市平均樓價一覽

Aberdeen | £ 175,000

Glasgow | £ 207,000

Edinburgh | £ 323,000

Belfast | £ 232,000

Newcastle | £ 217,000

Manchester | £ 245,000

Leeds | £ 257,000

Liverpool | £ 164,000

Sheffield | £ 225,000

Nottingham | £ 234,000

Birmingham | £ 230,000

Leicester | £ 253,000

Cambridge | £ 544,000

Cardiff | £ 280,000

Oxford | £ 569,000

Bristol | £ 361,000

London | £ 827,000

Southampton | £ 266,000

Portsmount | £ 268,000

Bournemouth | £ 320,000

資料來源：https://www.rightmove.co.uk/

截至 2022 年 8 月

成功找到在英第一份工作！
英國搵工面試實戰心得

作者：WooLaLa

到埗英國一個多月，我終於找到工作了！而且能做回本行 Project Manager（專案經理），實在是超級超級開心！

在此簡單分享一下我在英國的面試經驗：在某一個風和日麗的日子，當我還在煩惱怎麼都沒有人打來要找我面試之時，突然在 Linkedin 收到了一則訊息，是一家公司的人力資源顧問傳來的，他說看到我之前在某公司做的某職位，很適合他們公司的職位空缺，問我會不會有興趣，之後就展開了一個奇幻旅程了。

想補充一下 Linkedin 真的十分重要，之前有不少面試機會是從 Linkedin 得到，在英國的第一份工作也是從 Linkedin 來的，不過要記得，找工作時候把定居的位置從香港改到你會到的城市。

第一輪 與 HR 簡單通話

跟 HR 的簡單面試，被問了一些工作經驗，查詢了期望薪水，幾時可以開始上班等。HR 簡單介紹了公司目前還是在家工作的狀態之後，他就跟 Line Manager 確認下一步的面試。

第二輪 與經理網上面試

不久後收到 HR 的 email 安排跟 Line Manager 的網上面試,是二對一的形式,也附上了他們的名字。這個時候,Linkedin 又可以派上用場了——面試前不妨在 Linkedin 看看他們的資料,了解他們的工作經驗和目前負責的工作範疇,對於準備面試也有一些幫助。這一次的面試主要是看你的工作經驗、處事能力、表達能力及技巧(Presentation Skill),看看你對於自己的工作有沒有自信,基本上跟香港的面試差不多。

最後一輪 與高級經理面試

順利面試完畢後,就到了下一步跟再高級一點的經理網上面試,同樣是二對一。這一次面試問的問題偏向比較想認識你這個人,了解你的個性和思考模式,會問你平時有什麼興趣愛好,也會問為什麼想在這裡工作,還有為什麼會來英國定居等。

在這裡的面試,不妨準備多一點個案研究(Case Study),去分享你之前的工作遇過的難題,有過什麼挑戰,會怎麼解決,最享受和最不享受的工作會是什麼等等。第一次跟 Line Manager 面試後,HR 提到他們對我的評價是非常的正面,除了幫我安排下一輪面試之外,也有問我是否合法在英國工作,有沒有需要申請工作簽證,有關 BN(O) Visa 和 LOTR(Leave Outside The Rules)的狀態,以及疫情下 NI number 要怎麼處理等。所以應該先準備好有關資料,例如英國政府簽證的連結,也不妨標明例如 LOTR 是在官網哪一個部份提到,到期後是可以在網路上續期,並不會受疫情影響等。這樣可以省卻 HR 研究新簽證的時間,理論上也可以提高公司招聘你的意願。

最後,我順利得到了工作,公司也加快了處理 Work From Home 的手續。在這邊找工作每一步都不容易,請保持正面的心態,或許同時間可以報一些網上課程增值自己,在網路上找些面試技巧的文章和影片,也可以不斷做面試練習,看看哪一點最需要加強等等。

序章
英國概覽

1. 英國五大城市

英國，全名為「大不列顛暨北愛爾蘭聯合王國」(The United Kingdom of Great Britain and Northern Ireland)，總面積達 243,610 平方公里，人口共有 6,679 萬，是世界第五大經濟體。英國由「英格蘭」(England)、「蘇格蘭」(Scotland)、「威爾斯」(Wales) 及「北愛爾蘭」(Northern Ireland) 所組成，全國眾多城市中，以倫敦、利物浦、曼徹斯特、伯明翰和愛丁堡為列五強，也是港人移民英國的熱門落腳處。

倫敦 London

英國首都及第一大城市，人口接近 900 萬，無論居民的收入及消費在全國都是名列前茅。倫敦共有 14 個區分，但大部分人會按鐵路區把倫敦區分「Zone 1」至「Zone 9」。Zone 1 是全倫敦最核心最貴重地段，包括 Westminster 及 Chelsea 等。倫敦平均樓價約 80 萬英鎊，貴絕全國。

伯明翰 Birmingham

英國第二大城市，人口接近 115 萬，是倫敦以外最大的高等教育中心，亦是英國華人聚居第三位的城市。伯明翰位於倫敦及曼徹斯特之間，距離倫敦約兩小時車程。這裡的平均樓價約 23 萬英鎊，屬較低水平。

曼徹斯特 Manchester

倫敦以外港人最熟悉的英國城市，人口 55 萬，位列全英第五位，更被稱為英國北部的首都，英國第二大唐人街所在地，也是僅次倫敦港人移民英國的熱門落腳處。這裡平均樓價約 24.5 萬英鎊，非常吸引。

利物浦 Liverpool

除了足球隊及披頭四故鄉，利物浦也被稱為文化之都，全市人口約 50 萬，平均樓價為 16.4 萬英鎊，在英國大城市中算是價廉物美之選，未來升值潛力也被看高一線。

愛丁堡 Edinburgh

蘇格蘭的第二大城市，也是著名的文化古城。市內的愛丁堡大學世界排名 20，也是港人留學熱門選擇之一。愛丁堡人口約 52 萬，平均樓價約為 32 萬英鎊，在英國大城市中屬中等水平。

II. 英國入息稅及 National Insurance 供款一覽

1. 入息稅稅率
所有地區（蘇格蘭除外）：

稅階	應課稅入息	稅率
個人免稅額	首 £12,570	0%
Basic	其後 £12,571 至 £50,270	20%
Higher	其後 £50,271 至 £150,000	40%
Additional	其後超過 £150,000	45%

註：按照 2022 年 9 月迷你預算案中公佈，由 2023-2024 年稅務年度起，20% 之 Basic 稅階將會調低至 19%。

蘇格蘭：

稅階	應課稅入息	稅率
個人免稅額	首 £12,570	0%
Starter	其後 £12,571 至 £14,732	19%
Basic	其後 £14,733 至 £25,688	20%
Intermediate	其後 £25,689 至 £43,662	21%
Higher	其後 £43,663 至 £150,000	41%
Top	超過 £150,000	46%

2.National Insurance 供款
受僱人士 NI 供款 (Class 1)：

倘若你的全年稅前入息為 £54,000。

全年入息	NI 供款比率	應繳 NI 供款
首 £12,570	0%	£0
其後 £12,571 至 £50,270	13.25%	£37700 x 13.5% = £5,089.5
其後超過 £50,270	3.25%	£3730 x 3.5% = £130.55
	合共	£5,220.05

自僱人士 NI 供款 (Class 2+4)：
· Class 2 供款不論利潤如何，一律為全年 £163.8
· Class 4 供款為下表：

倘若你的全年稅前入息為 £54,000。

類別	全年入息	NI 供款比率	應繳 NI 供款
Class 2	—	—	£163.8
Class 4	首 £11,909	0%	£0
	其後 £11,910 至 £50,270	10.25%	£38,361 x 10.25% = £3,932
	其後超過 £50,270	3.25%	£3,730 x 3.25% = £121.23
		合共	£4053.23

（有關詳情請參閱第六章相關內容）

註：由 2022 年 11 月起，以上各 NI 供款比率會減 1.25%，回復至 2021-2022 稅務季度水平。

第一章
英國簽證簡介

I. 英國簽證種類

英國簽證就是指非英國國籍的人進出英國需要的證件，一般有旅遊簽證，留學簽證，訪問簽證及工作簽證等，簡單分類如下：

第一級簽證 Tier1

主要針對高資產及創業人士，具有永久居住導向，包括：創新者簽證 (Innovator Visa)、初創者簽證 (Start-up Visa) 及全球人才簽證 (Global Talent Visa)。

第二級簽證 Work Visa

主要針對來英工作的人士，具有永久居住導向，包括：技術工作簽證 (Skilled Worker Visa)、運動員簽證 (Sportsperson Visa)、全球商業流動簽證 (Senior or Specialist Worker visa (Global Business Mobility))、醫護工作簽證 (Health and Care Visa) 及宗教工作者簽證 (Minister of Religion Visa)。

第四級簽證 Student Visa

主要針對去英國讀書留學的人士,以學習為目的,包括:兒童學生簽證 ((Child) Student Visa)、學生簽證 (Student Visa) 及短期學習簽證 (Short-term Study Visa) 等。

第五級簽證 Youth Mobility Scheme Visa

主要針對短期來英工作及居住人士,以國際交流為目的,包括:臨時義工、創意或運動工作者、政府特派員及宗教人士等。18 到 30 歲年輕人想體驗英國生活,也可申請此類簽證。

II. 業務發展及
全球人才簽證簡介

雖然英國政府已經取消投資移民簽證，但申請者自覺有一個絕世計劃可以在英國大展拳腳，初創者簽證或創新者簽證也許會適合申請者。又或者，申請者在某個界別擁有一定成就，不妨可以考慮一下全球人才簽證。

1. 創新者簽證 (Innovator Visa)

對象	為想到英國發展創新事業的人而設
申請資格	·必須受創新者認可機構 (Innovator Endorsing Bodies) 認證 ·必須至少投資£50,000，除非申請者的公司之前已經獲得創新者認可機構認證 ·滿足進階英語能力 ·擁有£945 存款，另外需要為每位家屬（如一同申請）預備£630 存款
簽證年期及權利	·每次簽證最長時期為三年，到期後可不限次數續簽，如果想繼續留在英國生活，可以於居住三年後申請永居 ·申請者可以創立多間公司和在創立的公司工作，但並不能受僱於其他公司和享受政府福利
名額及申請方法	·要申請簽證，首先要取得創新者認可機構認證。申請者需要向認可機構展示申請者的業務有以下三點： - 全新－不能加入或投資運作中的業務 - 創新－必須擁有與現有市場上不同的原創經營理念 - 可行和具有增長潛力 ·得到認證和準備好所需文件後，申請者便可以在網上申請簽證，之後還需要辦理簽證手續
費用	·簽證費（每人，包括家屬）新申請：£1,036，續證或替換：£1,292 ·IHS 費用，視乎簽證年期

所需文件	・創新者認可機構認證 (Endorsement) 信件 ・有效護照 ・英語能力證明，可以通過 B2 級英文考試（如 ESOL、IELTS 等等）或以英語授課的大學學歷來證明 ・肺結核病測試結果 ・£945 或以上（每位家屬另加 £630）儲蓄證明，該款項至少要已經存放 90 天
注意事項	如申請者的認證被認可機構撤銷，申請者的簽證期可能會被縮短，在找到新認證後可以再重新申請簽證

2. 初創者簽證 (Start-up Visa)

對象	為想到英國初創企業的人而設
申請資格	・必須受初創者認可機構 (Start-up Endorsing Bodies) 認證 ・必須是新公司 ・滿足進階英語能力 ・擁有 £945 存款，另外需要為每位家屬（如一同申請）預備 £630 存款
簽證年期及權利	・簽證最長時期為兩年，到期後不可續簽，如果想繼續留在英國生活，申請者需要轉簽其他簽證，並不能憑此簽證申請永居 ・申請者可以同時在創立的公司和其他公司工作，但申請者並不能享受政府福利

名額及申請方法	要申請簽證，首先要取得初創者認可機構認證，這些機構通常為英國高等教育機構，或是具有支持英國企業家的歷史的商業組織。申請者需要向認可機構展示申請者的業務有以下三點： - 全新－不能加入或投資運作中的業務 - 創新－必須擁有與現有市場上不同的原創經營理念 - 可行和具有增長潛力 得到認證和準備好所需文件後，申請者便可以在網上申請簽證，之後還需要辦理簽證手續
費用	· 簽證費（每人，包括家屬）新申請：£378，替換：£508 · IHS 費用，視乎簽證年期
所需文件	· 初創者認可機構認證 (Endorsement) 信件 · 有效護照 · 英語能力證明，可以通過 B2 級英文考試（如 ESOL、IELTS 等等）或以英語授課的大學學歷來證明 · 肺結核病測試結果 · £945 或以上（每位家屬另加£630）儲蓄證明，該款項至少要已經存放 90 天
注意事項	如申請者的認證被認可機構撤銷，申請者的簽證期可能會被縮短，在找到新認證後可以重新申請簽證

英國簽證簡介

3. 全球人才簽證 (Global Talent Visa)

對象	為想到英國在學術或研究界 (Academia or Research)、文化藝術界 (Arts and Culture) 和數碼科技界 (Digital Technology) 工作的人才而設 *
申請資格	必須受該業界機構認證申請者為領導者 (Leader) 或潛在領導者 (Potential Leader)
簽證年期及權利	· 簽證最長時期為五年，到期後可不限次數續簽，如果想繼續留在英國生活，領導者可以於居住三年後申請永居，而潛在領導者可以於居住五年後申請永居 · 申請者可以工作或創立公司和自僱工作，但申請者並不能享受政府福利
名額及申請方法	· 要申請簽證，首先要先滿足該界別的條件，然後要申請和得到該業界機構認證 (Endorsement) · 得到認證和準備好所需文件後，申請者便可以在網上申請簽證，之後還需要辦理簽證手續
費用	· 認證與簽證費（每人，包括家屬）：£623 · IHS 費用，視乎簽證年期
所需文件	· 認可機構認證 (Endorsement) 信件 · 有效護照 · 肺結核病測試結果
注意事項	如申請者的認證被認可機構撤銷，申請者的簽證期可能會被縮短，在找到新認證後可以重新申請簽證

47

* 附錄：全球人才簽證不同界別有不同要求：

學術或研究界	· 須為以下其中一個學科的領導者或潛在領導者：科學 (Science)、醫學 (Medicine)、工程學 (Engineering) 及人類學 (Humanities) · 以下是其中一些可以得到認證的工作：擔任高級學術或研究人員工作，例如大學的教授或講師、研究員、進行由 UK Research and Innovation (UKRI) 批准的資助研究
文化藝術界	須為以下其中一個學科的領導者或潛在領導者： · 綜合藝術、舞蹈、文學、音樂、戲劇或視覺藝術 · 建築 · 時尚設計 · 電影和電視，包括動畫、後期製作和視覺效果
數碼科技	須為以下其中一個學科的領導者或潛在領導者： · 金融科技 (Fintech) · 遊戲 · 網絡安全 · 人工智能

辦理以上所有簽證，一般三星期內可以知道申請成功與否，申請者亦可以選擇多付 £500 使用優先服務 (Priority Service)，五個工作天內知道申請結果；或多付 £800 使用最優先服務 (Super Priority Service)，一個工作天後便可得知結果。

III. Work Visa 工作簽證簡介

工作簽證（前稱 Tier 2 Visa）是為英國公司因在英國找不到合適僱員所以要在世界各地聘用專才而設。而對於申請人來說，工作簽證絕對是舉家移民英國最便宜的踏腳石，全因只需居住英國滿五年便可申請永居，不過原來並不是每種工作簽證也可以這樣做，如是公司內部調任簽證者便不能。

由於工作簽證申請手續繁複，一般公司會安排律師替申請者辦理部分手續，以確保申請過程能順利進行。

脫歐後英國政府簡化了工作簽證制度，亦取消了簽證到期後的轉簽冷靜期 (Cooling Off Period)，大大減低了公司聘請外國員工的難度，現時簽證分為以下數種：

UK 英適生活

1. 技術工作簽證 (Skilled Worker Visa)

此乃最普遍的工作簽證，如申請者本來沒有英國工作權，便需要申請此簽證以便在英國工作。

申請資格	· 必須受認可贊助 (Approved Sponsor) 公司聘用從事技術工作 · 滿足基本英語能力 · 該工作年薪至少為 £25,600，部分工作可低至 £20,480，視乎工種而定，可參考 codes of practice for skilled work · 擁有 £1,270 存款，另外需要為配偶預備 £285、首名子女 £315、其後每名 £200（如一同申請）存款，如曾經以合法簽證在英國居住 12 個月以上，或公司願意贊助抵英後首個月生活費的話則不用證明
簽證年期及權利	· 每次簽證最長時期為五年十四日，到期後可續簽，但總年期不能超過六年，如果想繼續留在英國生活，可以於居住五年後申請永居 · 除了可以在受聘之公司工作外，申請者可以接受第二份工作，條件是不可超過每星期 20 小時，而且是跟申請者的主要工作是同一職級和工種或是短缺工作之一 · 申請者還可以當義工和讀書，但申請者並不能擁有受聘之公司 10% 股份（除非年薪達 £159,600）和享受政府福利

名額及申請方法	· 要申請簽證，首先要受聘之公司替申請者申請贊助者證明 (Certificate of Sponsorship)，而英國政府每年都會為此證明書設置限額，申請者可到 Allocations of Restricted Certificates of Sponsorship 參考過往紀錄 · 2021 年 1 月 1 日開始採用評分制度 *，申請人最少要達到 70 分才可申請贊助者證明 · 得到贊助者證明和準備好所需文件後，申請者便可以在網上申請簽證，之後還需要辦理簽證手續
費用	· 三年期或以下簽證費（每人，包括家屬） - 非短缺工作－新申請：£625，續證或替換：£719 - 短缺工作－新申請：£479，續證或替換：£479 · 三年期以上簽證費（每人，包括家屬） - 非短缺工作－新申請：£1,235，續證或替換：£1,423 - 短缺工作－新申請：£943，續證或替換：£943 · IHS 費用，視乎簽證年期
所需文件	· 贊助者證明 (Certificate of Sponsorship) 編號 · 過去五年旅遊紀錄，需提供有效護照和過期護照（如適用）來證明 · 英語能力證明，可以通過英文考試（如 ESOL、IELTS 等等）或以英語授課的大學學歷來證明 · 肺結核病測試結果 · 儲蓄證明 · 部分工種需提供無犯罪紀錄書（良民證），如教育、醫療、社會服務行業等工作

注意事項	· 由於整個程序要由受聘之公司發起，而並不是每間公司都願意替員工申請工作簽證，故此在找工作時最好提前說明申請者需要工作簽證才能在英國工作 · 如簽證期間因任何原因而需要換另一間公司工作，須替換簽證 · 如遭受聘之公司辭退，最快 60 日後需要離開英國，除非申請者能找到另一份工作，同上，亦須替換簽證

＊附錄：工作簽證評分制度

評核項目	必須	分數
獲認可贊助者聘用	✓	20
工作有適當技術水平	✓	20
基本英語能力	✓	10
年薪介乎 £20,480 至 £23,039 或達到該專業工作平均薪金八成以上（以最高者為準）		0
年薪介乎 £23,040 至 £25,599 或達到該專業工作平均薪金九成以上（以最高者為準）		10
年薪高於 £25,600 或達到該專業工作平均薪金（以最高者為準）		20
短缺工作		20
擁有與工作相關的博士學位學歷		10
擁有與工作相關的理工科博士學位學歷		20

2. 醫護工作簽證 (Health and Care Visa)

此簽證是由一般工作簽證衍生出來的，由於過往因為有太多申請一般工作簽證，因而令大部分海外醫護人員因薪酬不足而無法來英國工作，最後導致英國醫護人員嚴重短缺，所以政府特別設立醫護簽證以便讓醫護人員能順利到英國工作。

申請資格	· 必須受 NHS 或相關醫療機構聘用從事醫護工作，如醫生、護士等 · 滿足基本英語能力 · 年薪至少為£30,000 或達至適當水平，視乎工種而定，可參考 codes of practice for skilled work · 擁有£1,270 存款，另外需要為配偶預備£285、首名子女£315、其後每名£200（如一同申請）存款，如曾經以合法簽證在英國居住 12 個月以上，或該公司願意贊助抵英後首個月生活費的話則不用證明
簽證年期及權利	· 每次簽證最長時期為五年十四日，到期後可續簽，但總年期不能超過六年，如果想繼續留在英國生活，可以於居住五年後申請永居 · 除了可以在受聘之醫療機構工作外，申請者可以接受第二份工作，條件是不可超過每星期 20 小時，而且是跟申請者的主要工作是同一職級和工種，或是短缺工作之一 · 申請者還可以當義工和讀書，但申請者並不能擁有受聘之醫療機構 10% 股份（除非年薪達£159,600）和享受政府福利
名額及申請方法	· 要申請簽證，首先要受聘之醫療機構替申請者申請贊助者證明 (Certificate of Sponsorship)，不設限額 · 得到贊助者證明和準備好所需文件後，申請者便可以在網上申請簽證，之後還需要辦理簽證手續

費用	· 三年期或以下簽證費（每人，包括家屬）：£247 · 三年期以上簽證費（每人，包括家屬）：£479 · IHS 費用轄免
所需文件	· 贊助者證明 (Certificate of Sponsorship) 編號 · 過去五年旅遊紀錄，需提供有效護照和過期護照（如適用）來證明 · 英語能力證明，可以通過英文考試（如 ESOL、IELTS 等等）或以英語授課的大學學歷來證明，肺結核病測試結果 · 儲蓄證明 · 需提供無犯罪紀錄書（良民證），除非是申請關於 biological scientists and biochemists (2112) 或 physical scientists (2113) 的工作
注意事項	· 由於整個程序要由受聘之醫療機構發起，而並不是每間醫療機構都願意替員工申請工作簽證，故此在找工作時最好提前說明申請者需要工作簽證才能在英國工作 · 如簽證期間因任何原因而需要換另一間醫療機構工作，須替換簽證 · 如遭受聘之醫療機構辭退，最快 60 日後需要離開英國，除非申請者能找到另一份工作，同上，亦須替換簽證

3. 全球商業流動簽證 (Global Business Mobility)

此簽證是專為國際企業內部調任員工到英國工作而設，申請過程會比一般工作簽證簡單快捷。

申請資格	・現任僱主調任／委派申請者到英國分公司工作 ・如申請者是長期員工可申請 Senior or Specialist Worker visa，年薪至少為£42,400 或達至適當水平，視乎工種而定，可參考 codes of practice for skilled work，另外除非年薪會高於£73,900，否則申請者要在現任公司工作至少 12 個月 ・如申請者是畢業實習生可申請 Graduate Trainee visa，年薪至少為£23,100 或達至適當水平，視乎工種而定，可參考 codes of practice for skilled work，另外申請者只可以是剛畢業及已經在現任公司工作至少 3 個月 ・擁有£1,270 存款，另外需要為配偶預備£285、首名子女£315、其後每名£200（如一同申請）存款，如曾經以合法簽證在英國居住 12 個月以上，或該公司願意贊助抵英後首個月生活費的話則不用證明
簽證年期及權利	・簽證到期後可續簽，但總年期不能超過以下限制： - 長期員工（年薪達£73,900）：每十年時間內九年 - 長期員工（年薪少於£73,900）：每六年時間內五年 - 畢業實習生：十二個月 ・雖然最長年期可達至九年，但需要注意此簽證持有人並不能於英國居住滿五年後申請永居 ・除了可以在受聘之公司工作外，申請者可以接受第二份工作，條件是不可超過每星期 20 小時，而且是跟申請者的主要工作是同一職級和工種或是短缺工作之一 ・申請者還可以當義工和讀書，但申請者並不能享受政府福利

名額及申請方法	· 要申請簽證，首先要受聘之公司替申請者申請贊助者證明 (Certificate of Sponsorship)，不設限額 · 得到贊助者證明和準備好所需文件後，申請者便可以在網上申請簽證，之後還需要辦理簽證手續
費用	· 畢業實習生簽證費（每人，包括家屬）：£ 259 · 三年期或以下簽證費（每人，包括家屬）新申請：£ 625，續證：£ 719 · 三年期以上簽證費（每人，包括家屬）新申請：£ 1,235，續證：£ 1,423 · IHS 費用，視乎簽證年期
所需文件	· 贊助者證明 (Certificate of Sponsorship) 編號 · 已在職證明，如薪酬紀錄、公司信件等 · 過去五年旅遊紀錄，需提供有效護照和過期護照（如適用）來證明 · 肺結核病測試結果 · 儲蓄證明
注意事項	· 重申一次，此簽證持有人並不能於英國居住滿五年後申請永居，所以如果申請者的目標是移民英國的話，即使是內部調任亦請要求公司改為替他申請 Skilled work visa · 如遭受聘之公司辭退，最快 60 日後需要離開英國

經驗分享

如果簽證到期後想繼續在英國生活，可
考慮先申請學生簽證或工作假期簽證來
「過冷河」，冷靜期過後再轉為申請一
般工作簽證亦未嘗不可。

4. 宗教使者簽證 (Minister of Religion visa (T2))

此簽證乃為宗教人員到英國工作而設。

申請資格	・必須受宗教團體聘用 ・滿足基本英語能力 ・擁有£1,270存款，另外需要為配偶預備£285、首名子女£315、其後每名£200（如一同申請）存款，如曾經以合法簽證在英國居住12個月以上，或該公司願意贊助抵英後首個月生活費的話則不用證明
簽證年期及權利	・每次簽證最長時期為三年一個月，到期後可續簽，但總年期不能超過六年，如果想繼續留在英國生活，可以於居住五年後申請永居 ・除了可以在受聘之宗教團體工作外，申請者可以接受第二份工作，條件是不可超過每星期20小時，而且是跟申請者的主要工作是同一職級和工種或是短缺工作之一 ・申請者還可以當義工和讀書，但申請者並不能擁有受聘之宗教團體10%股份（除非年薪達£159,600）和享受政府福利

名額及申請方法	· 要申請簽證，首先要受聘之團體替申請者申請贊助者證明 (Certificate of Sponsorship)，不設限額 · 得到贊助者證明和準備好所需文件後，申請者便可以在網上申請簽證，之後還需要辦理簽證手續
費用	· 簽證費（每人，包括家屬）新申請：£625，續證：£719 · IHS 費用，視乎簽證年期
所需文件	· 贊助者證明 (Certificate of Sponsorship) 編號 · 過去五年旅遊紀錄，需提供有效護照和過期護照（如適用）來證明 · 英語能力證明，可以通過英文考試（如 ESOL、IELTS 等等）或以英語授課的大學學歷來證明·肺結核病測試結果 · 儲蓄證明
注意事項	· 由於整個程序要由受聘之宗教團體發起，而並不是每間宗教團體都願意替員工申請工作簽證，故此在找工作時，最好提前向團體說明需代辦工作簽證才能在英國工作 · 如簽證期間因任何原因而需要換另一間宗教團體工作，須替換簽證 · 如遭受聘之宗教團體辭退，最快 60 日後需要離開英國，除非申請者能找到另一份工作，同上，亦須替換簽證

5. 國際運動員簽證 (International Sportsperson visa)

此簽證乃為精英運動員和教練到英國發展體育事業而設。

申請資格	· 必須受體育管理機構聘用 · 滿足基本英語能力 · 擁有£1,270存款，另外需要為配偶預備£285、首名子女£315、其後每名£200（如一同申請）存款，如曾經以合法簽證在英國居住12個月以上，或該公司願意贊助抵英後首個月生活費的話則不用證明
簽證年期及權利	· 每次簽證最長時期為三年，到期後可續簽，但總年期不能超過六年，如果想繼續留在英國生活，可以於居住五年後申請永居 · 除了可以在受聘之體育管理機構工作外，申請者可以接受第二份工作，條件是不可超過每星期20小時，而且是跟申請者的主要工作是同一職級和工種，或是短缺工作之一 · 申請者仍可替申請者的國家在英國出賽和當體育廣播員，還可以當義工和讀書，但並不能享受政府福利。
名額及申請方法	· 要申請簽證，首先要受聘之機構替申請者申請贊助者證明 (Certificate of Sponsorship)，不設限額 · 得到贊助者證明和準備好所需文件後，申請者便可以在網上申請簽證，之後還需要辦理簽證手續
費用	· 一年期或以下簽證費（每人，包括家屬）：£259 · 一年期以上簽證費（每人，包括家屬）新申請：£625，續證：£719 · IHS費用，視乎簽證年期

所需文件	· 贊助者證明 (Certificate of Sponsorship) 編號 · 過去五年旅遊紀錄，需提供有效護照和過期護照（如適用）來證明 · 英語能力證明，可以通過英文考試（如 ESOL、IELTS 等等）或以英語授課的大學學歷來證明·肺結核病測試結果 · 儲蓄證明 · 該體育管理機構之推薦信
注意事項	· 如簽證期間因任何原因而需要換另一間體育管理機構工作，須替換簽證 · 如遭受聘之體育管理機構辭退，最快 60 日後需要離開英國，除非申請者能找到另一份工作，同上，亦須替換簽證

辦理以上所有簽證，一般三星期內可以知道申請成功與否，申請者亦可以選擇多付 £500 使用優先服務 (Priority Service)，五個工作天內知道申請結果，或多付 £800 使用最優先服務 (Super Priority Service)，一個工作天後便可得知結果。

IV. Student Visa
學生簽證簡介

非英籍人士 (或沒有持有其他有效簽證，例如 BNO) 若要到英國讀書，在獲得學校取錄後，還需要辦理簽證。Student Visa（前稱 Tier 4 Visa）正是為此而設，簽證持有人可在簽證期內在英國讀書及作有限度工作。同樣地這簽證並不屬於移民類簽證，持有此簽證在英的居留期並不計算在申請永久居留權 (Settlement) 所需的五年 * 時間內。

註：10 年長期居留期則計算在內 (詳情可參考本章《詳談申請永久留居留權 (ILR)》)

申請資格	· 16 歲或以上 · 已獲得認可教育機構課程取錄 · 能證明英語能力（英文能力要求為學士及以下程度 CEFR B1，學士或以上 CEFR B2） · 18 以下人士，需要得到家長同意 · 註：16 歲以下學生需辦理幼童學生簽證 ((Child) Student Visa)
簽證年期及權利	· 簽證年期視乎課程長短，以大學為例，一般會獲發至畢業年份下年度的年頭約一二月，即簽證年期共約三年四個月 · 除了可以讀書，如果修讀學士或以上程度課程，還可以工作： - 學期中 (Term Time)：每週最多 20 小時 - 學期外：不限 · 但申請者不可以接受永久性的全職工作 (Permanent Full Time Job)、不能自僱、不能持有任何公司 10% 以上股份，及不能作部份職業如職業運動員和醫生等 · 同時申請者亦不能享用英國福利。如申請者修讀碩士或以上程度課程，還可以連同申請者的家人 (Dependents) 一同申請，詳情可參考 https://www.gov.uk/student-Visa/family-members **畢業後 Graduate Visa** · 由 2020/21 學年開始，用學生簽證入境讀書的學生，如課程長於 11 個月，畢業後會有兩年的 Graduate Visa 給予時間尋找工作，期間也可以直接工作。但注意，Graduate Visa 期間同樣不會計算進申請永久居留權所需的年期 · 在簽證獲批時申請者將會得知更詳細的簽證權利細節

名額及申請方法	如果申請者在英國境外申請，最早可在課程開始前六個月提交申請；如申請者在境內申請，則最早於課程開始前三個月提交申請
費用	·首次簽證 £363 ·續簽或在英國境內由其他簽證轉至學生簽證 £490 ·IHS 費用，視乎簽證年期
所需文件	·有效護照·課程取錄證明 ·肺結核病測試結果 ·儲蓄證明：一年學費及九個月生活費（倫敦為每月 £1,334，非倫敦地區則為每月 £1,023） ·如未滿 18 歲，家長同意證明，以及與家長或監護人之關係證明

學生簽證轉換工作簽證

上文提及到一般的移民路徑（Immigration Route，5 年後永居）並不適用於學生簽證。假設申請者曾持有 Student Visa 兩年，其後持有工作簽證三年，申請者已在英國居住五年，但並不滿足居住五年申請永久居留的條件。

不過學生簽證持有人若希望畢業後留在英國工作，亦有一定優勢。從學生簽證轉成工作簽證時，部份程序及費用獲得豁免：公司可免去了技術費用(Skill Charge)的支出（以 5 年簽證計算，大型公司可省下 £5,000），故此一般公司會較願意聘請畢業生。

V. Youth Mobility Scheme Visa 簡介

Youth Mobility Scheme Visa 俗稱 YMS / Working Holiday Visa，是為了 30 歲以下青年能到不同國家交流、居住和工作而設的簽證，簽證持有人可在兩年簽證期內在英國工作或讀書。在不同簽證中，YMS Visa 的門檻算是很低，但同時間這簽證並不屬於移民類簽證，持有此簽證就像學生簽證一樣，在英的居留期並不計算在申請永久居留權 (Settlement) 所需的五年時間內。

申請資格	・18-30 歲 ・持有特區護照或 BN(O) 護照 ・擁有 £2,530 儲蓄
簽證年期及權利	・簽證為兩年期，期間申請者可以工作、讀書或自僱（亦可創立公司），而且英國的 YMS 簽證亦不像其他國家如澳洲設有每份工作的最長受僱期，申請者可以受聘於同一工作兩年 ・但申請者並不能享受英國福利、不能同時申請家人同行、不能作職業運動員及醫生等，而且簽證只限兩年，不能續簽
名額及申請方法	・使用 BN(O) 護照人士並沒有名額及申請時間限制，可隨時於網上申請 ・使用特區護照之人士則需要參加抽籤，分別於一月及七月接受申請，名額 1,000 個，中籤者將收到電郵通知
費用	・簽證費 £244 ・兩年 IHS 費用共 £940
所需文件	・有效護照 ・肺結核病測試結果 ・£2,530 或以上儲蓄證明

注意事項

一般情況下，YMS 簽證必須在英國以外，申請者的常在居留地申請，例如香港人就需要在香港申請並在港辦理簽證手續；即使申請者身在英國並持有其他簽證（如學生簽證）而又想申請 YMS 簽證，申請者亦需要回港辦理。

而上文亦提及到一般的移民路徑（Immigration Route，5 年後永居）並不適用於 YMS 簽證。假設申請者曾持有 YMS 簽證兩年，其後持有工作簽證三年，申請者已在英國居住五年，但並不滿足居住五年申請永久居留的條件。

VI. 詳談申請永久居留權 (ILR)

相信很多人到英國生活，最終目標是希望取得永久居留權和入籍成為英國公民。取得永久居留權 (ILR/Indefinite Leave to Remain) 後，將可以無限制地在英國生活、讀書和工作，而且更可以享受所有政府福利，例如免費 NHS 醫療服務、享有大學本地學生收費優惠（須最近三年經常在英國居住）等。下面跟大家談談如何取得永久居留權，而由於英國國籍法實在太過複雜，所以在這裡我們只能列出其中一部分，但相信已能涵蓋大部分人的情況。

永久居留 ≠ 公民身份

永久居留權其實只算是簽證的一種，申請者仍持有原來的國籍，用的是原來的護照，但可以無時間限制地在英國居住和工作。至於入籍，代表申請人國籍身份已改變，拿的是英國護照，而且享有所有英國公民的權利 (如選舉權)。對於一些不接受雙重國籍的國家如中國，一些申請者因不欲放棄原來的國籍，所以只申請永居權便足夠。

取得永久居留權 (ILR) 條件

條件取決於申請者持有什麼類型的簽證，任何子女要取得永久居留權，其父母必須已取得或正在一同申請永久居留權或英國公民身分。

1. BNO 簽證和家屬（配偶與子女）

必須在英國居住滿 5 年，期間任何連續的 12 個月內，都不得在英國境外逗留超過 180 日。如現時已以其他簽證（例如工作簽證）居住在英國，將可以一併計入該 5 年期內。

2. 英國公民配偶和永久居留權人士家屬（配偶與子女）

必須在英國居住滿 5 年，期間任何連續的 12 個月內，都不得在英國境外逗留超過 180 日。

3. 英國公民子女

最快可 3 年直接入籍（詳見本章《詳談申請入籍成為英國公民》內關於入籍條件內容）。

4. 全球人才簽證 (Global Talent Visa) 和家屬（配偶與子女）

主申請人須有工作機構出信推薦及仍然在該行業工作。

主申請人如屬領導者 (Leader)，每位只須在英國居住滿 3 年，期間任何連續的 12 個月內，都不得在英國境外逗留超過 180 日。

主申請人如屬潛在領導者 (Potential Leader)，每位必須在英國居住滿 5 年，期間任何連續的 12 個月內，都不得在英國境外逗留超過 180 日。

5. 創新者簽證 (Innovator Visa) 和家屬（配偶與子女）

只須在英國居住滿 3 年，期間任何連續的 12 個月內，都不得在英國境外逗留超過 180 日。

6. 工作簽證 (General/Health and Care/Minister of Religion/Sportsperson Visa) 和家屬（配偶與子女）

主申請人須仍然受該工作機構僱用。

General 或 Sportsperson 簽證主申請人年薪須達 £25,600 或該工種的 Going Rate（市場薪金），以較高者為準，除非該工作是屬於 Health and Care 類、PhD 級數或在短缺工作名單內。

必須在英國居住滿 5 年，期間任何連續的 12 個月內，都不得在英國境外逗留超過 180 日。

* 注意 Intra-company Visa 在簽證到期時並不能申請永久居留權。

7. 長期合法居留人士

必須在英國居住滿 10 年，期間不得連續在英國境外逗留超過 180 日，而全期不能在英國境外逗留超過 540 日。

居住期間必須擁有合法簽證，如學生簽證 (Student Visa)、工作假期簽證 (Youth Mobility Scheme Visa) 等。

8. 歐盟國籍人士

基於英國已經脫歐，申請人必須於 2020 年 12 月 31 日前已在英國居住，並於 2021 年 6 月 30 日前透過 EU Settlement Scheme 申請居留權以繼續留在英國，費用全免。

必須在英國居住滿 5 年，期間不得連續在英國境外逗留超過 180 日，而全期不能在英國境外逗留超過 540 日。如果未能滿足此條件，將會獲發準居留權 (Pre-settle Status)，直到滿足條件後可獲發永久居留權。

英語能力測試

除了上述條件外，如屬 18 至 64 歲人士（以申請永久居留權當日計算）
還要滿足以下條件（18 歲以下或 65 歲以上人士可豁免）：

· 通過 Life in the UK 考試，考試內容主要圍繞英國歷史、文化、傳統、
  體制等各方面的知識。
· 滿足基本英語能力，可以通過英文考試（如 ESOL、IELTS 等等）或
  以英語授課的大學學歷來證明。

申請者可以到政府網站查詢是否合資格申請永久居留權和下載申請表
格，申請費用現時為每人 £2,404。如覺得太繁複，申請者亦可找律師
代為申請。一般六個月內會知道申請成功與否，如希望五個工作天內知
道申請結果，可選擇多付 £500 使用優先服務 (Priority Service)，或多付
£800 使用最優先服務 (Super Priority Service)，一個工作天後便可得知
結果。

永久居留權不是永久？

永久居留權，顧名思義，擁有者可以長期在英國讀書、工作或生活而不
受限制。當持有永久居留權，申請者便可以享用任何政府福利，例如
NHS 服務、低收入津貼和房屋津貼等等。

不過請記住，永久居留權也是有機會喪失的！如果申請者離開英國超過
兩年，有機會會失去居留權，除非申請者能證明申請者仍然與英國有很
大的連繫，和解釋當初離開英國的原因而令政府信服，而且還需要申請
Returning Resident 簽證才可以重新在英國居住。

只要成為英國公民後，永久居留權才真正變成永久，即使申請者離開英
國兩年也不用申請 Returning Resident 簽證。

VII. 詳談申請入籍 成為英國公民

取得永久居留權後，下一步就是申請入籍成為英國公民，入籍過後就可以申請英國公民護照和不再害怕喪失居留權了。英國公民護照現時可以享有 187 個國家旅遊免簽證待遇，絕對比 BNO 護照、特區護照或台灣護照的免簽證待遇要多。

入籍成為英國公民 (British Citizen) 條件

必須在取得永久居留權後在英國居住滿 1 年，而且在申請前 5 年內在英國境外居住的日數不能超過 450 日，在申請前 12 個月內在英國境外居住的日數不能超過 90 日。

如申請者的配偶為英國公民，申請者必須先取得永久居留權但不用多待一年便可申請，另外需要此前已在英國居住滿 3 年，而且這 3 年內在英國境外居住的日數不能超過 270 日，在申請前 12 個月內在英國境外居住的日數不能超過 90 日。

如申請者取得永久居留權或入籍成為英國公民後，申請者的 18 歲以下子女將可「註冊」成為英國公民。

如果申請者的子女在申請者取得永久居留權或入籍成為英國公民後出生，將會自動成為英國公民。

如果是居英權二代 (British Citizen by Descent) 的子女，只要全家一起在英國居住滿 3 年，而且這 3 年內全家在英國境外居住的日數不能超過 270 日，便可根據 Section 3 (5) British Nationality Act 1981 這個法案來替子女申請「註冊」成為英國公民。

申請者可以到政府網站查詢是否合資格申請永久居留權和找網上申請表格，申請入籍費用現時為成人 £1,330、18 歲以下兒童 £1,012。如果覺得太繁複，申請者亦可找律師代為申請。一般六個月內會知道申請成功與否。申請時另須兩個副簽人 (Referee)，其中一位為不限國籍的專業人士，另一位則需要為二十五歲以上或是專業人士的英國公民。

BNO 不是英籍嗎？為何還要入籍？

沒錯，如果申請者持有 BNO 護照，其實申請者已經擁有英國國籍，但根據英國國籍法，英籍也有多達六種，而只有英國公民 (British Citizen) 才可以自動擁有英國居留權。由於 BNO 已是英籍，所以當符合入籍條件時，BNO 持有人可以選擇「註冊」成為英國公民 (Registration as a British Citizen)，而其他護照（例如特區護照、台灣護照等等）持有人則一定要「歸化」成為英國公民 (Naturalisation as a British Citizen)，兩種入籍程序跟費用稍為不同，「註冊」成為英國公民成人費用為 £1,206，比「歸化」便宜。

出席入籍典禮

如申請者是 18 歲以上和成功申請成為英國公民，申請者還需要出席入籍典禮 (Citizenship Ceremony) 以完成整個入籍儀式。典禮過程包括宣誓效忠，意味著申請者將保證會尊重英國的權利、自由和法律。完成後申請者將會收到英國公民證書，這樣申請者便正式成為英國人了！

VIII. 申請永居 (ILR) 和各種 簽證：如何用大學學歷 證明英語能力？

申請永居需要應考 B1 英文考試，或是將以英語授課的大學學位拿去 ENIC(前稱 NARIC)認證，那麼用香港的大學學歷可以嗎？又有什麼手續？

我需要證明什麼？

從政府網站 https://www.gov.uk/english-language/degrees-in-english 可了解到，申請英國的永久居留權時，可以以英語授課的大學學歷代替考試證明 B1 的英語水平能力。如果申請者的學位並不是由英國的學府發出，申請者需要到學術認證機構 ENIC 認證其學術程度；而除非申請者的學位是由英語為主要語言的國家（如美國、加拿大等）發出（香港並不包括在內），否則申請者需要 ENIC 同時為申請者進行學位的英語水平評核。由此可見，如果申請者在香港畢業，申請者需要同時證明學位的學術水平及英語水平。

大學提供什麼作為證明？

雖然每間大學有不同做法，但相信不會相差很遠，以下是個人經驗可參考步驟：

1. 向大學教務處／校務處申請 Testimonial，證明自己的學位資料（如入學年份、修讀科目、成績，是否已畢業等）
2. 在申請 Testimonial 同時，要求大學加上說明：學位的授課語言為全英語 (English only as medium of instruction)。部份大學或另需申請 Medium of Instruction Letter 證明授課語言，而非同時在 Testimonial 內列出
3. 保留信件正本

香港本科課程　較難證明全以英語授課

上面的第二點是全個程序最關鍵的步驟，因為 ENIC 要求全個學位都由英語授課，而大部份大學本科課程內可能設有中文、通識或其他由中文授課的課目，一般來說他們只會願寫上學位主要由英語授課 (English as medium of instruction, except for those courses that are granted exemption)。

向大學申請學歷證明　信內字眼是關鍵

如果申請者將此信件上載到 ENIC，他們極有可能（親身經驗）會向申請者查詢信件中 Except for those courses that are granted exemption 的定義，此時申請者需要解釋學位中有科目並非以英語授課的原因（如修讀的是中文科），或者嘗試向大學申請詳細證明等，而又能令 ENIC 接受。這亦是作者當年與 ENIC 來往數次後決定放棄，直接報考 B1 的原因。

UK 英適生活

成功取得學歷證明　到 ENIC 申請評審

如申請者成功取得所需學歷證明信件，申請者可以到 ENIC 網站申請 Visas and Nationality Service，這服務已包括了證明學術水平的 Academic Qualification Level Statement (AQUALS) 及證明英語水平的 English Language Proficiency Statement (ELPS)，連消費稅合共 £168。

完成註冊及付款後，申請者將收到指示，把所需文件（如申請者的學歷證明 Testimonial、Transcript、畢業證書等等）上載到系統，ENIC 或有機會要求申請者補交文件或再為文件解釋（如上文提到解釋非英語科目等），否則一般十個工作天內收到結果。如成功獲證明大學學位水平及英語水平，恭喜申請者，當申請 ILR 時就可以使用該 ENIC 文件作為英語水平證明，而不用特地去考 B1 英文試了。

IX. B1 英文考試：程度有多難？

在近來英國政府為香港人而新推出的 BNO Visa 中，提及到在五年後如要申請永久居留權 (ILR)，需要滿足基本英文能力條件，如通過英語測試（如 IELTS、SELT 等），或以英語授課的大學學歷來證明其英語水平。

很多人都十分關心，到底這個英文能力要求有多高？ IELTS 或 SELT 考試會十分難嗎？

作者早年申請工作簽證時，就曾經考過 Trinity College SELT (Secure English Language Test) 的 B1 Test，雖然與申請永居的 B1 SELT—Grade 5 考試略有不同（永居只考口語及聆聽，而工作簽證需要另考寫作及閱讀），但內容是大同小異，故希望和大家簡介 B1 SELT Grade5 考試的模式及分享小小心得。

UK 英適生活

申請永居英語能力要求

申請者有幾種方法可以證明自己的英文能力：

1. 報考 Trinity College 的《B1 SELT—GESE Grade 5—English Test for British Citizenship, Indefinite Leave to Remain》考試並合格（下文所介紹的考試）
2. 報考 IELTS Life Skills—B1 Speaking and Listening 並取得 4 分或以上
3. 或其他英國政府網頁上列出，政府認可的考試
4. 持有以英文授課的大學學位，如該學位在英國及部份指定英語為母語外地區獲得，需要到英國學術評級機構 UK NARIC 作學術認證

註：如學位在香港取得，可聯絡大學校務處申請學歷證明，並要求學校證明學位只以英語授課 (English as medium only)，如學位中有部份課程非以英文授課，申請者或需另外補交文件解釋

Trinity College B1 SELT—GESE Grade 5 考試模式及費用

這是一個同時考核聆聽及說話能力的綜合考試，分成兩部份，考試共十分鐘。考試會以對話形式進行，在考試中考生與一位考官交談指定題目，並由該考官負責評級。費用為每次 £150；成績分為 Distinction、Merit、Pass 及 Fail，而申請永居只需要 Pass。

第一部份

考生要事先預備一個題目填寫在表格上，並預備一些關於該題目的延伸話題。例如作者當年選擇的題目是足球，而延伸話題分別是：
我最喜愛的球會或球星及原因？／我會踢足球嗎？如會，多久踢一次？
／為什麼我會喜歡足球？／足球會是我移民到英國的其中一個原因嗎？

【實戰分享】
建議考生可盡量選擇自己最熟悉的題目，一來可能申請者已認識很多生字，不用特地花太多時間由頭溫習，二來在回答考官延伸問題時，由於申請者很熟悉該範圍的話題，會更得心應手。

第二部份

由考官選擇兩個隨機題目，考生和考官就該題目進行簡單對話：考官會提出一個題目，並開始向考生發問問題，並根據考生的答案再發問延伸問題。

【實戰分享】
其實考官選擇的話題，一般都會較生活化，如食物健康、交通等；用字亦不會太深。建議在答問題時可盡量放鬆，當作與鄰居或朋友閒話家常，答問題時除了答是否 (Yes/No) 外，亦可略加解釋及延伸，好讓考官以申請者的回答再繼續話題，亦能知道申請者是真的了解該題目及明白考官的問題。如真的聽不清楚及不明白，亦可要求考官重覆，亦可向考官問問題查詢自己的理解是否正確。

事前如何準備？

建議可多與朋友／家人根據考試模式作模擬對話練習，第一部份先由考生自行選擇題目，並由朋友家人發問延伸問題；而第二部份則相反，由家人朋友從日常生活中選出題目，進行對話；亦可多練習日常打招呼或寒喧常用句子，在對話開頭時作熱身對話，同時並可向考官顯示自己的英文能力。另外，亦可多看官方網頁上的考試示範影片 (https://www.trinitycollege.com)，熟悉考試模式及了解合格所需水平。

經驗分享

從上文提供之參考片段可見，其實 B1 的要求並不高，考官圍繞生活化的話題出題，語速明顯有減慢及用字不深。只要多加練習，盡量使用簡單的句型及詞語表達自己；而 B1 考試亦沒有設考試次數上限，即使不幸失手不及格，亦可再作準備重考。

X. 申請永居或入籍必須通過：Life in the UK Test

不論持有哪種簽證（包括 BNO Visa），在居留滿若干年後，申請英國永久居留權(ILR) 或入籍 (Citizenship)，申請人只要年齡介乎 18 至 65 歲，除了要證明英語能力達標外，還必須通過 Life in the UK Test。

Life in the UK Test 考的是什麼？

這考試主要是測試大家對英國的歷史、文化、傳統、體制等各方面的認識，分為以下幾個範疇：

· 價值及宗旨－核心價值概念
· 英國定義－地理上國土的組成
· 歷史－由石器時代，到羅馬、維京統治，再到中世紀，然後到歷代英王及相關大事，最後到近代歷代首相和期間的國家及世界大事
· 現代社會－當代英國、宗教、傳統、習俗、運動、藝術、文化、娛樂、興趣
· 政府、法律、申請者的角色－國家體制、政府組成、法律原則、公民權利及義務

整個考試範圍就收錄在一本不算厚的手冊當中，因此各範疇都不會太過深入，算是一個簡略概覽而已。設立這個考試的目的就是希望申請永久居留權或入籍的人，對英國傳統及文化等各方面都有基本認識，才能融入社會並在英國長期居住及生活。

報名及預約考試

考試需要在GOV.UK網上報名預約，在英國有超過30個考場可供選擇，可以在預約時自行選擇方便自己的考場。最早只能預約三日後的考試，考試費用為£50。考試當天需要帶備預約時選擇的身份證明文件（例如BRP卡、護照）。

考試預備

有官方教材可以購買 https://www. officiallifeintheuk.co.uk/shop，有 Life in the UK handbook 實體書、數碼版 (e-book)、網上教學 (e-learning)、練習題等可供選擇。亦可以在 Amazon 購買，價錢可能較便宜，但要小心留意所購買的是否最新版本。

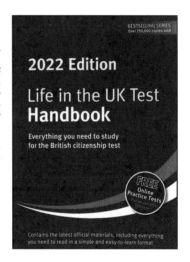

【實戰分享】

除了官方教材，也有不少網站（例如：life in the uk Tests、life in the uk Test web）和 app（app store / play store 內搜尋 life in the uk Test，會找到不少合用的 app），有提供教材及練習題，特別是練習題 app 可以隨時隨地坐車時也可以做題目，十分方便和有效率，推薦使用。

先把書看完，然後做練習題目，申請者會發現很多題目也不太熟，沒有記清人名、年份、事件等，實屬正常。之後把常見問題又常錯的重點寫下筆記，反覆溫習和做題，慢慢答錯的比率便會減低。實際的題目一般不會像練習題那麼難，會多問一些簡單問題，不會全都是考記性的難題，但亦需要有充足準備，從而減低不合格要重考的機會。

考試形式及規則

考試限時 45 分鐘，只需回答 24 題多項選擇題，要答對 75%（即 18 題）或以上才算合格。

若不幸未能考獲合格（即答對少於 18 題），可以最早於 7 日後報名預約再考（當然要再重新付款）。像考車一樣沒有限制重考次數，所以不用太大壓力要第一次就合格，可以再接再厲。

例題 ：

Q1. Which of these are British Overseas Territories?

A.USA and Australia

B.St Helena and the Isle of Man

C.The Channel Islands and the Isle of Man

D.St Helena and Falkland Islands

Q2. Who defeated Napoleon at the Battle of Waterloo?

A.The Duke of Wellington

B.Nelson

C.Henry VII

D.Louis XIV

Q3. What is the system that automatically deducts tax called?

A.PAYG

B.Self-Assessment

C.HMRC

D.PAYE

答案：Q1 — D, Q2 — A, Q3 — D

誰可以豁免考試 ？

以下為可豁免考試的條件：

· 未滿 18 歲

· 年滿 65 歲

· 以往曾經通過此考試，如申請永居時已通過這考試，在申請入籍時不用重考

· 有長期身體或精神狀況而不能應考，需要提供醫生信證明

第二章
新手到英國

UK 英適生活

I. 出發赴英國前
i. 簽證中心 VFSHK 辦證流程

英國簽證申請者於 www.gov.uk 網站完成申請手續，並繳交醫療附加費 IHS 後，系統會指示你再到簽證中心（香港是 VFS）的網頁進行提供生物辦識資料和提交文件的預約，大致流程如下：

1. 系統將自動讀取你申請簽證的參考編號，按照指示補充資料註冊
2. 可選購 VFS 提供的額外服務（如特快簽證、快遞服務等）
3. 選擇預約日期和時間
4. 網上上載簽證所需參考文件（如財政證明、肺結核測試證明等）
5. 完成預約

註：VFS 系統不太好用，特別是上載文件的頁面，申請簽證需要的證明文件極多但網頁內上載格數有限，完全不夠用，儘量精簡要上載的文件及用盡所有格數，現時 VFS 不再收任何實體正副本，如文件不齊你只能現場另外付 HK$120 讓職員代為掃描。

VFSHK 現場辦證流程

到預約當日緊記帶同以下文件：

· 簽證中心預約電郵證明
· 用作申請簽證護照（必須有六個月有效期以上）
· 申請表
· 所有參考文件（現時 VFS 不再收實體正副本，故只作備用）
· 身份證及現金

流程如下：

1. 與門口職員報到，簡單檢查文件及分類
2. 取籌等候
3. 到窗口讓職員再檢查，提交所有文件及護照
4. 等候再次叫名
5. 到另一房間拍照及打指模（相片會用在 BRP 上，大家可稍作打扮）
6. 完成

VFS Global Services Hong Kong Pvt Ltd.

地址：北角電氣道 169 號，理文商業中心 6 樓 B & E 室
辦公時間：星期一至五 9:00am-3:00pm

BN(O) Visa 人士注意

由於 BN(O) Visa 屬於電子簽證，持有 BN(O) 護照人士可全程在網上辦妥申請手續，以上流程只適用於申請其他簽證。

經驗分享

整體來說簽證中心效率甚高，一小時內也可完成手續，只是其系統不太好用，以及 VFS 有太多付費的額外服務，導致他們不太願意答太詳盡問題，而是想你加購服務（如文件檢查及文件掃瞄等），所以記得事前要多準備。沒購買特快簽證的話，如果沒任何問題，一般會在 14 天內收到電郵通知到簽證中心領回護照，謹記要檢查清楚 Entry Clearance Vignette 和確認信的資料是否正確，否則入境時可能會有大麻煩。

ii. 肺結核病測試及 IHS

如果你從香港或其他地區申請超過六個月的英國簽證（如各種工作簽證、學生簽證等等），你需要到指定診所進行肺結核病測試（又稱驗肺或 TB Test），該證明書有效期六個月，以用作申請簽證及入境證明之用。目前香港指定的診所共有十一間，分別是 UMP 聯合醫務所、Quality HealthCare 卓健醫務所、明德國際醫院、養和醫院、養和東區醫療中心及香港港安醫院，費用及程序相差都不大，介乎港幣 $900 至 1,500 左右，可以根據地點選擇方便自己的。

照肺程序：

1. 網上或電話預約後，診所會再以電話聯絡確認預約日期和時間
2. 帶同護照、身份證、近照和準備預計到達英國時的地址（與申請簽證時填的一樣）
3. 到達診所，登記後填表
4. 等見醫生及到 X 光機照肺
5. 數天後出結果，再次到診所
6. 見醫生聽分析，診所職員再和你核對資料及發放證書
7. 保留證書直至成功入境

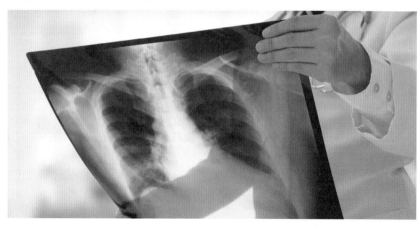

什麼人可以豁免？

如果你是英國的回流居民——你曾以其他簽證在英國居住過，並離開不多於兩年。Youth Mobility Scheme Visa 簽證的持有人回港辦理 Work Visa，由於你符合上述條件，你申請新簽證時並不需要重新進行肺結核測試。另外，如果你在獲得測試豁免的國家居住過六個月以上（例如澳洲、加拿大等），並由離開當地到申請簽證時未超過半年，你亦不需進行測試。

經驗分享

驗肺是很簡單的程序，如不想平日請假去驗，可早點預約星期六的時段，而且證書只有六個月有效期，要控制好時間不要太早或太遲做。

英國本土的驗肺服務

如果你身在英國、英屬澤西島（Jersey）、英屬根西島（Guernsey）或英屬曼島（Isle of Man）並準備申請此簽證，而又未有住滿半年，你需要在英國進行肺結核測試，但如果你已使用 LOTR 入境英國並打算在當地申請 BN(O) Visa，而你已持有於香港診所進行、又仍然有效的肺結核病測試報告，你可以使用該報告作為申請簽證的證明文件，並不需要在英國重做一次。英國指定診所現時有九間：

倫敦：Visa Medicals

地　　址：Flat 4, Bentinck Mansions, 12-16 Bentinck Street, London, W1U2ER

時間：星期一至五 上午九時至下午五時

費用：成人 £200，11 歲以下兒童 £75

倫敦：Knightsbridge Doctor

地址：15 Basil Mansions, Basil Street, London, SW3 1AP

時間：星期一至五 上午九時至下午五時

費用：成人 £200，11-18 歲兒童 £175，11 歲以下兒童 £75

伯明翰：Modality Immigration Services

地　　址：Handsworth Wood Medical Centre, 110-112 Church Lane, Handsworth

Birmingham, B20 2ES

費用：成人 £195，兒童 £115

曼徹斯特：Northern Visa Medicals

地址：1st Floor, Citylabs, Nelson Street, Manchester, MI3 9NQ

時間：星期一至五 上午八時至下午四時

費用：成人£210，11 歲以下兒童£85

Devon：Nuffield Hospital Plymouth

地址：Derriford Road, Plymouth Devon, PL6 8BG

時間：星期一至五 上午八時至下午六時

費用：成人£235，11 歲以下兒童£80

Berkshire：The Bridge Clinic

地址：156 Bridge Road, Maidenhead, Berkshire, SL6 8DG

時間：星期一至五 上午九時至下午六時

費用：成人£195，11 歲以下兒童£100

蘇格蘭：The Edinburgh Clinic

地址：40 Colinton Road, Edinburgh, EH10 5BT

時間：星期一至五 上午八時至下午八時

費用：£200

蘇格蘭：Bryden Medical Limited

地 址：4th Floor, Merchants House, 7 West George Street, Glasgow, G2 1BA

時間：星期一至五 上午九時至下午五時

費用：成人£210，11 歲以下兒童£85

北愛爾蘭：Vitalis Health

地址：Merrion Business Centre, 58 Howard Street, Belfast, BT1 6PJ

費用：成人£250，兒童£190

UK 英適生活

辦簽證時的 IHS 附加費用途是甚麼？

根據現行政策，每位申請超過 6 個月以上簽證的非歐洲經濟區國民均須繳付醫療附加費（Immigration health surcharge 或 IHS）以享用 NHS 提供的公共醫療服務，直至擁有永居權為止。

18 歲以下兒童（以申請簽證時歲數而定）家屬簽證、學生簽證與工作假期簽證為每年 £470，其他人士則為每年 £624。費用必須在申請簽證時繳交，如申請五年期簽證期，那麼便需要一次過繳交五年費用。

你可能想說自己身體很健康，然後不看醫生的話能不付嗎？又或者只看私人醫生可以不付嗎？對不起，英國是一視同仁的，請還是乖乖付款吧。

在 NHS 下，除了牙科服務外，無論門診服務、專科服務、甚至進醫院進行手術治療通通也是免費的，所以作為簽證人士要繳付附加費亦算是合理的。

iii. 離港清稅教學

如果離開香港前有在工作,請謹記要辦理清稅手續以免觸犯法例。當辭職時,你需要告知公司人事部你將會離開香港,他們會為你準備 IR56G 表格及糧單,同時間會先扣起薪金待你完成清稅手續才可發放。當收到以上簽證文件後,你便可親身到稅務局填寫報稅表,通常可即日完成,過程亦十分簡單。

清稅手續:

1. 到達稅務局後,可先到一樓中央詢問處查詢你所屬的評稅組別和樓層,再乘電梯直接到評稅組辦理手續。
2. 找到評稅組後跟職員表示要辦理清稅手續及索取報稅表。
3. 填妥報稅表後,職員會安排你面見評稅主任立即進行評稅,如果需要申請免稅額,請準備證明文件以便評稅主任查核(例如供養兄弟姊妹,你可以帶同其學生證副本證明學生身份)。
4. 如經評稅主任評定需要補繳稅項,最簡單可以現金、EPS 或自動櫃員機繳交。確認後,你及公司人事部將會收到同意釋款書,清稅手續便大功告成。

如政府宣佈之後會退稅,稅務局屆時會郵寄支票給你,建議找個仍在香港居住的親人代收票。

地址:香港灣仔告士打道 5 號稅務大樓
辦公時間:星期一至五 8:15am-12:30nn、1:30pm-5:30pm

UK 英適生活

vi. 不要來到英國後才發現忘記帶的文件

來英國建議帶備一些重要文件，免得有需要用到時手忙腳亂。

學歷畢業證書與成績單

如果要在英國找工作或學業進修，有機會要出示畢業證書證明學歷。

專業知識考試證書

如你擁有專業資格，找工作時便可能較有優勢。

簽證相關文件

如確認信、英語能力證明、肺結核測試證明等。有些文件可能需要在第一次入境時出示，因為要在過關後才可以提取寄艙行李的關係，所以務必記住要把這些文件放在手提行李內（註：台灣的朋友不用做肺結核測試）。

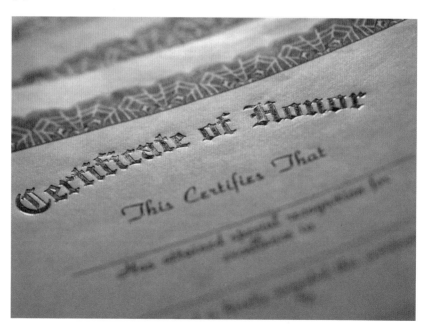

病歷紀錄

如你有長期病患，病歷紀錄可讓當地醫生了解病情。

駕駛執照

現行英國法例，只要你持有有效的正式駕駛執照，不論該執照從什麼國家取得，你也可以在到達英國的最初 12 個月合法駕車，無需辦理任何手續。

* 以上只是一些建議，因每個人都會有不同的情況而需要其他的文件，請自行留意。

Entry Clearance Vignette

當簽證獲批後，請留意你的護照內的 Entry Clearance Vignette 有效期，你需要在到期前入境。第一次入境英國時，請於過關時向入境職員出示 Entry Clearance Vignette、確認信及肺結核病測試證明，職員會在 Entry Clearance Vignette 上蓋上印章證明入境。如以電話應用程式申請 BN(O) Visa 者則沒有此限制，你可於簽證有效期間內入境英國，但要注意申請永久居留權時須滿足居住日數條件。

而往後入境英國時，無論如何，請記得要使用人手通道過關，出示英國居民證（BRP）及護照，職員需要在你的護照內蓋上印章，否則當你申請永久居留權時可能會引起麻煩。

v. 別忘了預訂短期住宿

未到英國前，應要先找到埗後的住宿安排，一般會先找一個短期住宿的地方，確定工作地點、了解過地區環境等後，再找一個長居的地方，畢竟長期租住也最好先實地視察。

選擇城市

選擇英國哪一個城市作為居住地是一大問題，大多數人以工作為優先，也有些為子女讀書為先，亦有為環境或文化等因素去選擇。按實際自身情況考慮後作決定，如果沒特別要求，建議可先揀選首都倫敦作為起步點，至少辦理証件手續、各類配套的地點都較近和方便，之後找到其他城市的工作後再搬也可以。

短期住宿搜尋平台

短期住宿和找旅遊住宿一般，建議可於 Airbnb 租一個月或數星期，很多都有長租折扣優惠，可嘗試跟房東還價。由於租的時間較長，建議早一點找，否則好的都給人租了幾天，只能租一至兩星期也十分不方便。也可以用 Expedia、Trivago 或 Booking.com 等找青年旅舍 (Hostel)，價錢較便宜，但空間較小和較多共用空間，如果隨身物品較多會不方便，財物較多也要特別小心，或者預訂較貴價的獨立房間會好一點。使用 Airbnb 或 Booking.com 等網上平台預訂住宿，也較 Facebook 上找的短期住宿安全，有糾紛時也有平台出手處理。

選擇短期住宿地點

選擇住宿的地點時，建議考慮較近市中心、交通方便和較近車站的地方，剛到英國會較多時間外出辦各類手續、到不同地區找長期住宿或工作等，減少交通時間和步行時間為優先考慮。若已經知道工作地點或有相熟朋友在該城市居住，也可以找較鄰近的地方。

II 到達英國後

i. 英國居民證：BRP

BRP，全名為 Biometric Residence Permit，是英國為了外國籍居民而設的身份證，不需另外申請，只要你申請的簽證有效期長於半年（如工作簽證及 YMS 簽證），BRP 將自動連同簽證一同批核。如以電話應用程式方式申請 BN(O) 簽證將不會獲發 BRP，但取而代之你可以登入英國政府網頁申請你的身份證明。

BRP 上面會有你的相片、指紋及簽名（所以申請簽證時你需要到簽證中心提交生物辨識資料），亦會有你的基本資料如名字、國籍，以及你的簽證種類，有效期及其他相關資訊。

如果你是工作簽證申請人，你的 National Insurance Number (NI Number) 亦會印在 BRP 上，但如果是 YMS、BN(O) 簽證申請人，你便需要另外申請 NI Number，BRP 上不會印有相關資料。

BRP 的作用

在每次入境英國時,你必須將 BRP 連同護照交給入境人員以作身份證明之用,請務必出國時檢查有否攜帶 BRP,否則有機會被拒入境。另外,BRP 亦可作身份證明之用,例如收取包裹、購買有年齡限制商品 (就連剪刀也是其中之一) 、進入酒吧、申請醫療服務等等,十分方便。但英國法例並沒有要求你必須把 BRP 帶在身上,而因為不幸遺失 BRP,手續比較麻煩,所以如果你有其他身份證明文件 (如駕駛執照) ,不建議每天攜帶 BRP。

入境後,如何領取 BRP ?

在你入境英國稍作安頓之後,第一件事或許就是去領取 BRP 了。還記得你在申請簽證時需要填寫預計在英國的住宿地址嗎? Home Office 會安排將你的 BRP 送到該地址附近的郵局,資料將會印在你簽證的確認信上,所以在申請簽證填寫地址時,請務必認真考慮清楚你到達英國後會住在哪裡。例如填寫你短住的 Airbnb 或青年旅舍地址,如果真的不確定,建議隨便填寫在 Zone1 市中心的地址,這樣不論你最後落腳在哪裡,領取 BRP 的地方也不會太遠。

一般情況下 BRP 會在你的 Entry Clearance Vignette (貼在你護照上的貼紙) 有效日期 (Valid From) 的七日後送到郵局,請連同你的確認信及護照,在入境後到郵局領取,只需要跟職員說明是領取 BRP 即可。有些小郵局的職員或者不清楚領取 BRP 的服務,會嘗試游說你到另一間郵局辦理,這時請你堅持解釋,並出示信件表明你是根據指示到該局領證,請他檢查清楚。

我本來打算落腳曼城，最後去了倫敦，怎麼辦？

請放心，你並不需要為了 BRP 長征一次，你只需要到有提供 BRP 領取服務的郵局與職員說明情況，付費並申請將 BRP 轉寄便可。

如不幸遺失了 BRP，怎麼辦？
如果你在英國：

如果你的 BRP 有效期在三個月以上，或你需要出入境英國，你需要在三個月內報失並申請新的 BRP。

如果你在外國：

如果在外不幸遺失，你亦需要到下列網址報失並選擇 Outside of UK，申請到當地的英國簽證中心領取一張臨時 BRP，並需在入境後另外辦理補領正式 BRP（手續如上）。

https://www.biometric-residence-permit.service.gov.uk/lost-stolen/where?hof-cookie-check

ii. 手提電話網絡供應商一覽

英國的手提電話網絡服務供應商選擇特別多，由龍頭 EE、Vodafone、O2、Three 到 BT Mobile、Tesco、VOXI、Giffgaff 等。

合約種類及特色

合約種類與香港類近，有三種：包括長期月費合約、無合約月費以及隨用量付款 Pay as you go（等於香港儲值卡），一般大供應商三種方案都可選擇，而規模較細的供應商則不提供長期月費合約。

順帶一提，英國的月費計劃大多只以不同數據用量作收費考慮，通話分鐘和訊息大多是無限量任用或高限量（不過現在也很少人會用得完每月通話和訊息限額）。

另外，在英國脱歐後部份供應商如 O2 和 Virgin Media 仍然提供免費歐洲數據漫遊，旅遊時無需換卡或另外加入漫游計劃便可直接使用，在很多國家漫游時可以照常使用平日在英國的計劃用量或收費，十分方便。雖然不包括所有國家，但大多熱門國家也在範圍內，完整覆蓋名單可再參考各供應商。

如何選擇適合自己的電訊供應商和計劃？

客觀意見是用以下準則考慮：

- 用量
- 價錢
- 合約期
- 所在地的訊號覆蓋範圍
- 服務支援，例如 Free Wifi、Wifi Calling、VoLTE 等等
- 漫游收費及覆蓋

要留意的是以倫敦為例，在地鐵大部份時間也沒有訊號，街外（如商場、商店、咖啡店）免費 Wifi 也很多，所以用量可能會比在香港／台灣時少。雖然在地鐵沒有電話訊號，但幾乎所有站內已鋪設 Wifi。不過要注意並非每一個供應商也有提供這免費服務，據知目前 EE、BT Mobile、O2、Three、Virgin Media、Giffgaff 都可連上地鐵 Wifi，其他請自行向供應商查詢。

用家心得及特別介紹

傳統大供應商如 EE 及 O2 等雖然一直傳聞訊號接收會比其他供應商好，但昂貴價錢及長合約期（一般起碼 12 個月）令人卻步。在英國不同地方，同一供應商接收能力可以差很遠，筆者試過搬到新屋後，發現手機訊號奇差卻因有合約在身未能轉台，極為麻煩，被迫轉到無合約月費計劃。建議大家簽合約前，可以先試試在家或公司等等逗留較長時間地方測試訊號。

你亦可參考各電訊商的網絡覆蓋地圖，輸入 Postcode 查詢該區覆蓋率如何，但只能作大概參考，最可靠還是親身測試。

· Ofcom（英國通訊管理局）https://checker.ofcom.org.uk/
· 3 UK http://www.three.co.uk/Discover/Network/Coverage
· O2 https://www.o2.co.uk/coveragechecker
· EE https://coverage.ee.co.uk/coverage/ee
· Vodafone https://www.vodafone.co.uk/network/status-checker
· VOXI https://www.voxi.co.uk/network-coverage-checker

如果你發現居住的地方無論任何供應商的訊號都不是很好，你可能要留意電訊商是否支援免費的 Wifi Calling 服務，只要有 Wifi Calling 服務，你便可以透過 Wifi 訊號接受／撥打電話，這樣即使家裡無法接收到電話訊號，也不用再怕別人聯絡不了你。當然，此服務需要你的電話型號的配合，以 iPhone 為例，5c 或以後的機種均支援 Wifi Calling。現時支援 Wifi Calling 的電訊商有 BT Mobile、EE、iD Mobile、O2、Sky Mobile、Three、Virgin Mobile、VOXI 和 Vodafone。

以下是部份心水供應商，大家可參考：

GiffGaff

如果你對英國電訊商有一定認識，相信對 Giffgaff 不會陌生，隨便 Google 亦會找到很多網頁推介。Giffgaff 月費正常，雖然使用 O2 網絡，但其實訊號不太好，很多時即使有訊號但仍然連不到網絡，吸引力只在於它會免費寄送 Sim 卡到全球各地，令你可以預先準備好手機服務，減去到埗後其中一項煩惱，亦能預先取得英國號碼申請其他服務。

UK 英適生活

VOXI

VOXI 是 Vodafone 旗下的品牌，以無合約月費計劃為主，吸引處為價錢低廉，計劃更提供 Social Network（Instagram、Facebook、Whatsapp 等）無限數據任用，適合年青人，是筆者暫時的首選，但它只於國內寄送 Sim Card，無法預先在香港開通。

經驗分享

如果你在香港，建議可以先免費預訂 Giffgaff Sim 卡，或購買一般旅行用儲值卡，作初到埗之用。到達英國後，再查看適合自己的計劃，小心選擇。另外，由於申請上台簽長約時，都需要查核你的信用評級，剛來英國會比較難被接納，所以你可能只可選擇無合約月費以及 Pay as you go 計劃。

iii. 工作必備：
National Insurance Number

什麼是 NI？

National Insurance Number (NI Number)，國民保險號碼是在英國工作入息稅務的一部份，僱主及你也需要貢獻你入息的一部份作為 NI 供款，關係到每個人在英國養老金 (State Pension) 和其他福利的權利，所以你必須有一個 NI Number。

如果你是以工作簽證來到英國，你的 NI Number 應該已印在 BRP 上，你無需再另外申請。如你是 YMS(T5) 青年交流計劃簽證持有人，則很大機會需要另外申請，否則對你找工作或會有阻礙。

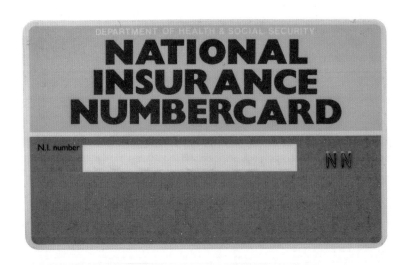

申請流程：

可致電與職員聯絡申請 NI Number。

電話：0800-141-2075

時間：星期一至五　8:00am-6:00pm

職員會查詢簡單問題，如需要 NI Number 的原因、國籍、地址等，只需如實回答，你打算在英國工作，需要一個 NI Number 即可，英國的職員英文口音各有不同，如聽不清楚可禮貌地要求重覆。數天後，你會收到信件，指示你在 Jobcente Plus 中心進行簡單面試。攜帶該信件、護照及 BRP 於指定時間到達，面試內容亦會重覆你電話中曾被問過的問題，也是如實回答即可。

另外你亦可到政府網站進行申請，填妥表格，上載護照相片及申請人手持護照相片，便完仍整個申請程序。

網址：

https://www.gov.uk/apply-national-insurance-number

注意事項：

在完成申請程序後或需要 2-8 星期才會收到正式的 NI Number 文件，但請注意，你並不需要等待 NI Number 到手才找工作，甚至是開始工作。你只需要告知僱主你正在等待當中，並後補號碼便可。

iv. 如何開辦銀行戶口？
分析傳統銀行和虛擬銀行的優劣

在領取 BRP 和辦好 NI 之後，開辦銀行戶口或許是你的下一步。

找到工作後，你需要一個當地銀行戶口讓僱主發放薪金，英國電子貨幣交易也很發達，從乘搭交通工具，政府部門付費以至街邊小店購物，基本上都可以使用 Debit/Credit Card 或 Contactless 付款，可以免去攜帶現金及硬幣的麻煩。

目前英國的銀行服務主要分為傳統銀行和虛擬銀行兩種。傳統銀行是指會提供零售銀行服務的銀行，即他們有實體分行為你服務。在英國，比較大的傳統銀行有 HSBC、Lloyds Bank、Barclays、NatWest、Halifax 和 Nationwide 等。

與傳統銀行相反，虛擬銀行大部份只以電子方式提供服務，沒有實體分行，當中以 Monzo、Revolut 和 Starling 比較有名。

傳統銀行 VS 虛擬銀行	
傳統銀行	虛擬銀行
· 有實體分行提供服務（如存款） · 傳統銀行服務範圍較廣泛（如索取銀行月結單正本作收入證明） · 銀行產品種類較多（如 ISA、按揭） · 上市公司財政透明 · 歷史悠久較可靠	· 申請程序簡單、批核快捷，提供個人消費數據分析 · 自行管理銀行卡（如凍結服務或更改密碼） · 服務收費（如海外消費和提款）免費或較低廉 · 外幣匯率較優惠 · 手提電話 APP 較易用 · 相同銀行轉帳較簡單（只需 ID 或電話號碼）

1. 傳統銀行

開戶程序大同小異，網上預約或親身到分行即場辦理，連同護照、BRP 及地址證明等等核查資料，看似簡單。

初到貴境，如何取得銀行接受的地址證明？

如果你有另一半已在英國，你可以選擇先申請一張信用卡附屬卡，或是提前將你的名字加到如水、電費單上，一般銀行都會接受帳單作為證明。你亦可以申請英國臨時駕駛執照，政府信件銀行大多接受。

又或者，部份銀行(已知 Barclays 不再接受)會接受你 National Insurance Number 的確認信，亦有部份銀行接受僱主發出的工作證明和租屋的合約，詳情可先行向銀行查詢。

在傳統銀行開戶的難度在於準則不一，綜合筆者及友人經驗，即使是同一銀行同一分行不同職員，可能 A 接受 NI 信件證明，B 卻說不接受，所以開戶存在一點運氣成份，可能要多跑幾趟去不同銀行多問問。

以香港住址證明開戶可以嗎？

因銀行開戶的準則不一，很難有標準答案，或可往倫敦唐人街的 HSBC 碰碰運氣。

地址：17 Gerrard St, London, W1D 6HB

筆者很多朋友都分享此分行接受以香港英文住址證明開戶，只需要親身到訪預約時間，在預定開戶日帶備香港英文住址證明、BRP 及護照，就有機會可以成功開辦英國 HSBC 戶口！

我可以在香港預先辦理嗎？

如果你是香港 / 台灣 HSBC 卓越理財的客戶，你可以免費申請英國 HSBC 戶口，電話預約及簡單面談後，再到總行開戶，從香港 / 台灣戶口轉帳到英國戶口亦無須收費。

2. 虛擬銀行

上文提及的三間虛擬銀行開戶都比較簡單，先在 APP/ 網頁上登記，再自拍照片或短片，上載證件資料，數個工作天便會獲批，帳戶資料及提款卡直寄登記地址。

服務費低廉

虛擬銀行以服務費低廉，種類多聞名，以 Revolut 為例，它提供外幣換存服務，在每月限額前 (每月 £1,000) 不用手續費，以其 Debit Card 在外國消費 (無限額) 或提款 (每月 £200) 也是零手續費，以 Visa 卡即時匯率結算，相比傳統銀行大概 2-4% 手續費化算得多。不過 Revolut 只是提供數碼交易服務的金融機構 (並非銀行)，他們沒有 FSCS 存款保障、不提供現金及支票提存等一般的銀行服務。雖然沒有 FSCS 存款保障，但 Revolut 聲稱客戶存款會安全地存放在一間一線英國銀行內。

虛擬銀行開戶程序簡單，手提電話 APP 易用，費用低廉，用作出糧戶口亦不會有任何問題，筆者建議無論另外申請傳統銀行服務與否，也可申請一張傍身。

虛擬銀行限制

虛擬銀行所有客戶支援服務只在網上提供，你必須透過 App 與職員聯絡，實體銀行則提供分行及以電話服務。

另方面，虛擬銀行必須依靠轉帳存入資金，如果你初到英國手上持有現金，只能靠 Local 的 PayPoint 存錢服務，相反傳統銀行你可輕鬆到分行及 ATM 轉入現金。

經驗分享

除了銀行服務，讀者也應留意一下戶口的種類和轉帳優惠；傳統銀行大多數會有不同等級的戶口，以 Lloyds Bank 為例，在基本 Classic Account 上有 Club Lloyds 和 Platinum Account，享有不同福利（如存款利息、免費電影票等），讀者可以研究一下條件，選擇合適的戶口。

另外銀行也常有 Switch to Us 的計劃，吸引其他銀行客戶把帳號轉到它們旗下，並提供獎金（約 £100-150），十分吸引，但注意常常轉換銀行有機會影響信用評分。

v. 公共醫療服務 NHS 簡介

英國的公共醫療服務是很有系統的,一般來說如果生病了,你可以經預約後到所屬普通科門診求診,有需要時醫生會轉介你到專科或醫院作進一步治療。除了門診服務外,你可致電 24 小時服務熱線 111 或前往 111.nhs.uk 查詢醫療資訊。有生命危險的情況下,你可致電 999 安排救護車接送或自行到最近醫院急症室就診。

無論是門診的診療費、部分住院醫療費或是產前檢查與分娩費用,通通皆是 NHS 負責承擔的,患者並不需要支付任何費用(持長期簽證者需在申請簽證時另繳交醫療附加費 IHS),另外 NHS 還會提供資助性質的牙科和視光師服務供有需要人士使用。

請不要害怕言語不通而抗拒就醫,有需要時 NHS 還可以為你提供翻譯服務。

vi. 看醫生前要先登記？
GP 門診服務介紹

到診所看醫生並不是隨便找一間便可以，第一步你需要往地方家庭醫生 GP（General Practitioner）登記。

在找到房屋後，你可以到 Find a GP 網站 (https://www.nhs.uk/service-search/find-a-GP) 尋找附近診所，網站詳列診所資料包括地址、電話、開放時間、GP 醫生名單及評分，你可以根據這些資料選擇合適自己的診所，然後自行前往該診所填寫表格登記，登記時請帶同以下文件供職員查閱：

· 身份證明文件例如 BRP 或駕駛執照
· 通訊地址證明例如銀行信件、水電帳單或 Council Tax 帳單

稍後你會收到 NHS 發出的信件確認完成登記。有需要時看 GP 時，你可以透過網上、電話或親身前往進行預約 。

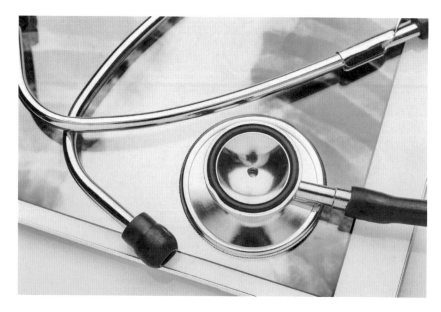

醫藥分家

要注意的是，在醫生給你開了處方藥物後，你需要自行到藥房購買或拿取藥物，絕大部分情況下，醫生會把你的電子藥單傳送到你指定的藥房（少數情況下仍會發實體藥單），除了以下人士，處方藥物在英格蘭是需要收費的（現時費用為每件 £9.35）：

· 15 歲或以下
· 16 至 18 歲全日制學生
· 60 歲或以上
· 孕婦及嬰兒不足一歲的初生孕婦
· 患有特殊疾病人士（例如：癌症、糖尿病、永久性肢體殘疾等等，其他請看 Medical Exemption Certificates）
· 住院病患
· 正在領取政府部分福利津貼人士

如屬長期病患人士而又不符合上述條件，你可以考慮購買處方藥物預付證明書（Prescription Prepayment Certificate 或 PPC），分為 3 個月和 12 個月兩種，概念類似月票，只要持有證明書便可於期間領取處方藥物而不用每次付費，證明書收費如下：

· 3 個月為 £30.25
· 12 個月為 £108.10

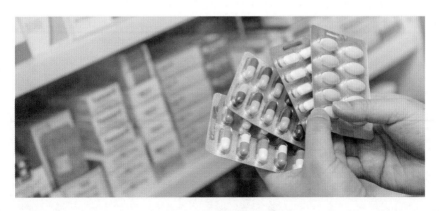

換句話說，只要你在 3 個月內需要領取多於 4 件藥物，或 12 個月內需要領取多於 12 件藥物的話，購買處方藥物預付證明書會比逐次付費便宜，你可以經此 NHS 網頁連結購買。

網址：https://services.nhsbsa.nhs.uk/buy-prescription-prepayment-certificate/start

在其他地區（蘇格蘭、威爾斯與北愛爾蘭）則一概免收費用。

經驗分享

在大城市通常很難可以預約到即日診症，如果真的等不到的話，可嘗試跟診所職員溝通盡快安排見 GP，或者直接到藥房找藥劑師講述病情，他們都能夠提供藥物建議。

如果是一般小病傷風感冒的話，NHS 其實都鼓勵市民自行到藥房或超市購買 Paracetamol（必理痛是其中一個品牌以此為主要成份）、Ibuprofen 等藥，而且價錢會比處方藥物便宜得多。

vii. 牙痛了怎麼辦？
一文看清楚牙科服務收費

雖然公共牙科服務並不像門診服務一樣費用全免，但 NHS 仍然會為民眾提供醫療補貼。

英格蘭

牙科服務在英格蘭不用像門診般要事先登記，你可以直接預約就近任何一間牙科診所，可利用 NHS 網站作比較。

收費制度分為三級

基本（Band 1）收費為 £23.80，包含檢查牙齒、診斷及預防護理，或者進行緊急護理。

Band 2 收費為 £65.20，包含以上 Band 1 服務、補牙、脫牙或根管治療（杜牙根）。

Band 3 收費為 £282.80，包含以上 Band 1、2 服務、牙套、牙橋或假牙。

詳情可以參閱官網：https://www.nhs.uk/nhs-services/dentists/dental-costs/understanding-nhs-dental-charges/

以下人士可以獲得免費服務：
- 17 歲或以下
- 18 歲全日制學生
- 低收入人士及正在領取政府部分福利津貼人士

威爾斯

牙科服務在威爾斯也不用事先登記，你可以直接預約就近任何一間牙科診所。

收費制度分為三級

基本（Band 1）收費為£14.70，包含檢查牙齒、診斷及預防護理，或者進行緊急護理。

Band 2 收費為£47.00，包含以上 Band 1 服務、補牙、脫牙或根管治療（杜牙根）。

Band 3 收費為£203.00，包含以上 Band 1、2 服務、牙套、牙橋或假牙。
詳情可以參閱官網：https://gov.wales/nhs-dental-charges-and-exemptions

以下人士可以獲得免費檢查牙齒服務：
- 24 歲或以下
- 60 歲或以上

以下人士可以獲得全部免費服務：
· 17 歲或以下
· 18 歲全日制學生
· 孕婦及嬰兒不足一歲的初生孕婦
· 低收入人士及正在領取政府部分福利津貼人士

蘇格蘭

牙科服務在蘇格蘭需要像門診般事先登記，登記程序大同小異，可利用 NHS 網站作比較。檢查牙齒及診斷是免費的，其後你需要付八成醫藥費，最高收費為 £384。詳情可以參閱官網：https://www.nhsinform.scot/care-support-and-rights/nhs-services/dental/receiving-nhs-dental-treatment-in-scotland#dental-treatment-costs

以下人士可以獲得全部免費服務：
· 17 歲或以下
· 18 歲全日制學生
· 孕婦及嬰兒不足一歲的初生孕婦
· 低收入人士及正在領取政府部分福利津貼人士

北愛爾蘭

牙科服務在北愛爾蘭需要像門診般事先登記，登記程序大同小異，可利用 NHS 網站作比較。檢查牙齒及診斷是免費的，其後你需要付八成醫藥費，最高收費為 £384，詳情可以參閱官網：https://www.nidirect.gov.uk/articles/health-service-dental-charges-and-treatments

以下人士可以獲得全部免費服務：
- · 17 歲或以下
- · 18 歲全日制學生
- · 孕婦及嬰兒不足一歲的初生孕婦
- · 低收入人士及正在領取政府部分福利津貼人士

留意大多數牙醫都提供 NHS 和私人牙科治療，所以在過程中可能會提供更好的私人服務給你選擇，比如是補牙用上更耐用更美觀的物料、牙齒美白等等，這些增值服務因為不在 NHS 保健範圍內，所以需要另行收取費用。

第三章
住在英國

I. 房屋簡介

i. 房屋類型介紹

英國房屋大致分為 House 和 Flat 兩大類，也再分私人和較廉價的公營 (Council House/Flat) 兩種。

House

傳統房屋,再細分為兩邊相連屋 (Terraced House)、獨立屋 (Detached House)、單邊相連的半獨立屋 (Semi-detached House),一般 2 至 3 層高,有花園需要打理,被爆竊風險較高。

Flat

多個單位的多層公寓,兩層高至幾十層高不等,五六層樓高的也不一定有電梯。只有兩三層單幢式的也屬較新落成的大型屋苑,較大機會有接待處和健身室等設施,物業管理成本較高,樓價和租金也相對較高,而且室內面積一般也較舊公寓小。

Council House / Flat

市政府建造的公營房屋，House 和 Flat 都有，內外裝修較平實和陳舊，治安也較差，常有閒雜人等出入，也因此售價和租金都較便宜。

House VS Flat

House	Flat
· 有花園可作種植、燒烤、玩耍等	· 相對 House 被爆竊風險較低
· 有些會包括有蓋車房	· 無花園、外牆等需要打理
· 獨立出入門口	· 較新型屋苑或大廈，提供接待、
· 多數 Freehold，不用向 Leaseholder 交 Ground Rent（但在地租改革後將會為零），居住成本較低	收件、健身室等服務，大堂走廊裝修華麗
· 無需付物業管理費	· 多數有電梯
· 適合：	· 適合：
- 家中有小朋友	- 關注人身和財物安全
- 飼養寵物	- 工作繁忙的上班族
- 愛種植花草蔬果	- 崇尚現代生活的年輕人
- 愛車或愛 D.I.Y. 維修	- 行動不便或長者
- 要在家接待客人的小生意，如美容、化妝、教音樂等	

各類房型

一房單位 (1 Bedroom)

一間睡房、客廳、浴室和廚房。開放式單位 (Studio) 類似一房單位，但沒有獨立睡房，睡房和客廳相連，所以租售價錢都較一房便宜。

兩房單位 (2 Bedroom)

有兩間睡房，主人房大多是連浴室的套房，還有另一間浴室和廚房，若合租可以各自有一間浴室不需要共用。

多房單位 (3/4/5 Bedroom)

也類似兩房單位，除較多房間外，常會有多一個浴室或無沐浴設施的廁所。

以上各類房型，尤其是較新的房屋，廚房大多數是開放式，如要求獨立廚房的要多花時間搜尋。

ii. 房地產租售平台分享

英國出租房屋大多可以在網上找，網上和有實體店的地產代理也都會在網上放盤，包括以下幾個搜尋網站。用法也都大同小異，只要輸入 Postcode 或地區名，就可以找到當區或附近地區出租的房間。你也可以加入更多搜尋條件去縮窄範圍，包括租金範圍、房屋類型等。

Spareroom
網址：https://www.spareroom.co.uk/

顧名思義是主要找分租房間的搜尋網站，也有包括少量整間出租的 Studio、1 Bed 或更多房間的 House 或 Flat，還可以在這裡找合租的室友一起分擔租金。

Facebook

有些居英香港人或華人 Facebook 會有房屋出租，地區或類型選擇不算多。雖然可能會找到比市價更好的價錢，要自行判斷房東是否可信可靠，畢竟沒有地產代理的保障下有一定風險。

Rightmove / Zoopla / OnTheMarket

Rightmove(https://www.rightmove.co.uk)、Zoopla(https://www.zoopla.co.uk) 和 OnTheMarket(https://www.onthemarket.com) 是英國三大房地產租售搜尋網站，九成放租放售的樓盤都會同時出現在這三大搜尋網站裡。網站有一些比較有用的功能，包括：

· 在地圖上劃出搜尋範圍（想找近車站而非整區所有小區）

· 儲存搜尋（不用每次輸入搜尋條件）

· 設定電郵提醒（自動通知符合你搜尋條件的新樓盤）

三大搜尋網站哪一個好？

差異不大，試用一下去找你想住的地區的樓盤數量作比較，然後選定一個較多樓盤的網站用就可以。

經驗分享

租售的房屋大多都很搶手，尤其在熱門地區和受歡迎的類型，除非價錢太貴或有問題，否則樓盤一般都不會出現在搜尋網站上太久。花了很多時間搜尋了幾個有興趣的樓盤，找地產代理詢問才知道已經被捷足先登。所以除了要時常留意最新放盤外，還要和當區多個不同的地產代理聯繫，讓他們知道你在找什麼區、類型和預算的樓，因為他們有新租售樓盤時，會先通知自己手上正在找樓盤的客戶。如果是熱門的樓盤，可能未放上網已被租出或售去。

iii. 英國租 / 買屋要多少錢：
倫敦精選地區租金及樓價比較

衣、食、住、行，住宿是四大需要之一，於作者而言重要性比衣或食更重要：上班勞碌大半天後回到家中能好好享受放鬆休息，繼續保持動力迎接新一天的重要一環。到底在英國各城市要租、甚至購入一個屬於自己的安樂窩要多少錢？在疫情底下，租金和樓價是否又真的如新聞所說的大跌了？

倫敦平均租金高達一萬七千元港幣？

根據 Homelet 2022 年 6 月份租金指數，在倫敦，每月平均租金高達 £1,846，比 2021 年上升了 14.9%。雖然這網站只簡單列出平均租金，並沒有列出房屋類型、地段，而這些因素可令租金差很遠（如市中心 Zone 1 豪宅對比 Zone 6 Studio），略為片面；但如果告訴你，全英國倫敦之外的地區平均租金只是每月 £936，比倫敦足足便宜一半，你就有概念知道倫敦租金到底有多貴。

倫敦樓貴絕英國

而根據英國政府公佈的房屋指數，在 2022 年 4 月倫敦平均樓價為 £529,829，比 2021 年上升 7.9%。而全英國樓價則為 £281,161，比 2021 年同期上升了 14.1%。在樓價持續升幅下，難道真的是「早買早享受，遲買貴幾舊」？

精選區域　比較不同房型租金及樓價

為了探討在倫敦不同區域和不同房屋類型真正租金，現精選四個較熱門區域，搜羅租盤，探討最新倫敦租金。是次簡單調查方法如下：

· 調查日期為 2022 年 7 月中
· 一房至三房及以上租盤，使用房地產租售平台 Rightmove 搜尋
· 分租房租盤使用 Spareroom 搜尋
· 每個地區根據不同房型搜尋約十個當時最新放到市場上的租盤，盡量包含 House 及 Flat
· 租盤範圍為該城市主要火車站半英里內
· 再取各租盤開價租金的平均值（註：實際租金可能會較開價為低）

至於樓價亦大同小異，可是這次調查將會把新樓盤及只限現金購買 Cash Buyer Only 的盤排除，只針對二手市場。

住在英國

東倫敦 Zone 2: Stratford

在 2012 年倫敦奧運前後開始發展重建的 Stratford 位於東倫敦二區，除了有大型購物商場 Westfield 落戶於此外，亦有不少小店，既平民又多元化，深受年輕人和年青家庭喜愛。

交通方面，Stratford 是大站，擁多條地鐵線如 Central Line 及 Jubilee Line，亦有 Overground、DLR 及其他火車線，2022 年後伊利沙伯線 (Elizabeth Line) 亦會開通，交通發達十分方便。

租金			
房屋類型	Flatshare	一房 House / Flat	二房 House / Flat	三房或以上 House / Flat
平均價錢	£675.5	£1,550.2	£1,998.2	£2,577.6

樓價			
房屋類型	一房 House / Flat	二房 House / Flat	三房或以上 House / Flat
平均價錢	£345,500	£497,500	£604,500

註：Stratford 站 Westfield 後 Postcode E20 範圍屬前奧運村區域，純住宅區較多高級住宅，故租金及樓價會較貴；而近 Highstreet 及 Stratford Center 傳統 Postcode E15 範圍則屬較舊區域，樓齡較大故租金及樓價會相對便宜。

北倫敦 Zone 2: Camden Town

位於北倫敦二區的 Camden Town，正正就是有名的肯頓市集 (Camden Market) 所在地，市集售賣各式各樣貨品，由食物到小品到衣服都一應俱全。該區不斷有活化工程，近年亦有不少新樓盤落成，深受文青喜愛。

交通方面，雖然 Camden Town 只有 Northern Line，但從此站出發至唐人街附近的 Leicester Square 站只需十分鐘，區內亦有另一 Overground 站 Camden Road，故交通還算不錯。

租金				
房屋類型	Flatshare	一房 House / Flat	二房 House / Flat	三房或以上 House / Flat
平均價錢	£882.5	£1,798.7	£2,447.3	£3,058

樓價			
房屋類型	一房 House / Flat	二房 House / Flat	三房或以上 House / Flat
平均價錢	£515,900	£672,000	£1,045,000

註：雖上表中列出此區三房或以上平均租金高達三千英鎊，但因這區較多維多利亞式 House，搜尋的租盤大部份都是四至五房，故或許拉高了價錢。樓價方面受同樣因素影響，而導致三房或以上樓價奇高。

西北倫敦 Zone 4: Wembley Park

相信球迷應該對溫布萊不會感到陌生—它正是英格蘭足球隊主場溫布萊球場的所在地。該區近年也大肆發展,有不少新樓宇落成。

交通方面,Wembley Park Station 除了有 Metropolitan Line 及 Jubilee Line 外,球場另一邊還有 Wembley Central 及 Wembley Stadium 站,能轉乘 Overground 及火車;但要留意在比賽日或大型活動如演唱會時會作人流管制、封路及停站,要多加留意。

租金				
房屋類型	Flatshare	一房 House / Flat	二房 House / Flat	三房或以上 House / Flat
平均價錢	£800	£1,756.4	£1,904.6	£3,103

樓價			
房屋類型	一房 House / Flat	二房 House / Flat	三房或以上 House / Flat
平均價錢	£359,995	£451,500	£706,995

註:近 Wembley Park 站多為新落成樓盤,西倫敦傳統上租金亦較貴,或是令此區域即使坐落第四區,租金亦與上面兩個區域相差不遠的原因。

129

西南倫敦 Zone 4: Richmond

Richmond 屬傳統富人區域，著名的 Richmond Park 所在地－以往被列入另一倫敦近郊城市 Surrey，但近年已歸入倫敦。此區相對上新樓宇發展較少，保留更多傳統建築。

交通方面，坐落第四區的 Richmond 除了有 District Line 及 Overground 服務外，亦有火車來往 Reading 及 Waterloo，由 Richmond 出發到達 Waterloo 只需 28 分鐘，出入市區亦算快捷。

租金				
房屋類型	Flatshare	一房 House / Flat	二房 House / Flat	三房或以上 House / Flat
平均價錢	£781.3	£1,454.5	£2,365	£3,498

樓價			
房屋類型	一房 House / Flat	二房 House / Flat	三房或以上 House / Flat
平均價錢	£451,750	£650,995	£1,041,495

註：此區一房租金比以上三區便宜少許，除了因坐落第四區離市區較遠外，這區亦較多維多利亞式 House 改建而成的 One bedroom Flat，而非以上三區較多的新式 Apartment，或是令租金略低的原因。而樓價方面則相對地企得很穩，可能與該區樓盤一般面積較大有關。

要重申作者並非特別推介以上數區,只是純粹抽樣選出四個地區研究租金及樓價,以供大家參考。亦可以使用 BBC 的租金樓價負擔地圖,查看不同地區的租金樓價,多作了解。

平均租金及樓盤價格可以作為參考和比較不同區的價格高低,而每區實際租金樓價範圍可高可低,視乎房屋的交通方便、大小、新舊等等因素而定。最後,在決定租/買屋前最好親身到該區看看,了解自己所需。

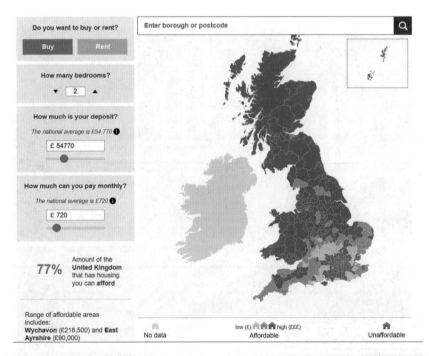

BBC 租金樓價負擔地圖。
https://www.bbc.com/news/business-23234033

vi. 英國租 / 買屋要多少錢 (二)：
精選城市租金及樓價比較

在倫敦外其他城市，租金是否比較划算？

根據 Homelet 2022 年 6 月份租金指數，在疫情下倫敦的租金對比 2021 年同期錄得約一成半的升幅，至於倫敦外地區的租金則比 2021 年同期上升了近 8.7%，而英國西南部的城市租金，甚至有 11.1% 的升幅。不過全英平均租金 £936，仍然比倫敦平均租金 £1,846 平足 50%。

或者買樓做業主？

而根據英國政府公佈的房屋指數，在 2022 年 4 月英國平均樓價為 £281,161，比 2021 年上升 12.4%。

精選城市　比較不同房型租金

為了探討在倫敦不同城市和不同房屋類型真正租金，現精選四個較熱門城市，搜羅租盤，探討最新英國租金。是次簡單調查方法如下：

· 調查日期為 2022 年 7 月初
· 一房至三房及以上租盤，使用房地產租售平台 Rightmove 搜尋
· 分租房租盤使用 Spareroom 搜尋
· 每個城市根據不同房型搜尋約十個當時最新放到市場上的租盤，盡量包含 House 及 Flat
· 租盤範圍為該城市主要火車站三英里內
· 再取各租盤開價租金的平均值（註：實際租金可能會較開價為低）

至於樓價亦大同小異，可是這次調查將會把新樓盤及只限現金購買 Cash Buyer Only 的盤排除，只針對二手市場。

西北部：曼徹斯特 Manchester

曼徹斯特相信不用多介紹，是港人熱門落腳城市。曼徹斯特市人口五十多萬，是英格蘭第五多人聚居的區域，近年大力發展，由傳統工業城市轉化為現代商業城市。

交通方面，除了火車四通八達外，曼徹斯特國際機場亦是英國第三大機場，航點甚多，而且有直航機往香港。

租金				
房屋類型	Flatshare	一房 House / Flat	二房 House / Flat	三房或以上 House / Flat
平均價錢	£629.3	£840.5	£1,289.5	£1,529

樓價			
房屋類型	一房 House / Flat	二房 House / Flat	三房或以上 House / Flat
平均價錢	£174,153	£249,190	£320,400

註：其實曼徹斯特範圍很大，週邊的區域如 Salford 等等更有些是出名的中產區域，故遠離市中心未必等於租金及樓價會大幅下降。

中部城市：伯明翰 Birmingham

距離倫敦約兩小時車程，位於中部 Midlands 的伯明翰是英格蘭第二大城市，亦是另一港人熱門落腳城市。和其他很多城市一樣，近年發展十分迅速，有不少金融及新創公司進駐。

交通方面，除了有高速鐵路連接倫敦及北部其他城市，伯明翰機場亦有不少航線，可是暫時沒有直航航線到香港。

租金			
房屋類型	Flatshare	一房 House / Flat	二房 House / Flat	三房 或 以 上 House / Flat
平均價錢	£553	£765	£1,132	£1,306.5

樓價		
房屋類型	一房 House / Flat	二房 House / Flat	三房或以上 House / Flat
平均價錢	£140,500	£188,500	£245,495

西南部城市：布里斯托城 Bristol

布里斯托位於英格蘭西南部近海區域，面向愛爾蘭海域，自古以來已是一個十分重要的港口城市，近年則大力向科技方面發展。距離倫敦約兩個多小時車程，離其他渡假熱點如 Cornwall、Dorset、Cotswold 及威爾斯等亦近，屬於地理位置不錯的一個城市。

租金			
房屋類型	Flatshare	一房 House / Flat	二房 House / Flat	三房 或 以 上 House / Flat
平均價錢	£597.3	£955	£1,342.5	£1,745

樓價		
房屋類型	一房 House / Flat	二房 House / Flat	三房或以上 House / Flat
平均價錢	£216,995	£333,500	£423,500

東部城市：諾域治 Norwich

Norwich 是英格蘭東部 Norfolk 的最主要城市之一，富有歷史特色，從前是英格蘭除倫敦外最大的城市，近代或因地理因素被其他城市超過，發展較慢，但亦不失其英倫特色。

交通方面，火車車程離倫敦亦是約兩個多小時，連接倫敦高速鐵路正在興建當中，完工後可望在一個半小時內到達 Stratford。

租金			
房屋類型	Flatshare	一房 House / Flat	二房 House / Flat	三房或以上 House / Flat
平均價錢	£481.9	£715	£892.5	£1,247

樓價		
房屋類型	一房 House / Flat	二房 House / Flat	三房或以上 House / Flat
平均價錢	£164,495	£205,000	£341,250

要重申筆者並非特別推介以上城市，只是純粹抽樣選出四個城市研究租金以供大家參考。讀者亦可以使用 BBC 的租金樓價負擔地圖，查看不同地區的租金，多作了解。

平均租金價格可以作為參考和比較不同區的價格高低，而每區實際租金範圍可高可低，視乎房屋的交通方便、大小、新舊等等因素而定。

最後，在決定租屋前最好親身到該區看看，了解自己所需。

II. 租樓

i. 由睇租盤到簽租約 細數租樓過程

租樓雖不如買樓般複雜，但仍然涉及很多步驟和細節而需要留意。以下是一般租樓程序，適用於租住整個單位，而分租房間或許不盡相同。當在房地產租售平台找到心水租盤後，可以經該網站平台留低聯絡辦法，以及註明有意睇樓，之後地產代理會聯絡你安排時間睇樓。

租樓也要進行背景審查

睇樓後如果你有意租下，地產代理會安排你向業主開出價錢 (Offer)、租約期（一般最少為六至十二個月）、起租日期和是否加入提前終止合約條款 (Early Termination Clause/Break Clause)，若然業主同意你所訂下條件，你便需要即時繳付不多於一週租金的訂金 (Holding Deposit)，然後地產代理會委託第三方公司 (Tenant Referencing Company) 替你進行背景審查以證明你有足夠收入 / 資產來繳付租金，例如持工作簽證者，需要提供工作合約和公司聯絡人資料以查證合法受聘身分。如果當刻並無穩定收入，業主可能會要求預繳全期租金以慎防出現欠租情況。除此之外，根據英國法例規定，你還需要證明自己合資格在英國居住（如出示 BRP 或護照上的簽證）。

儘早簽約免卻麻煩

審查一般需時數天，請注意，即使繳交了訂金和通過了審查，並不代表業主一定要把租盤租給你，一切仍以簽約為準。也有朋友曾經試過在最後階段被業主反悔而要急於另找租盤。

當以上程序完成後，地產代理便會把租約發給你，簽租約前請仔細閱讀，確定符合當初同意的條款，如有錯漏必須即時指出，否則簽約後可能會有麻煩。確認租約沒有問題便可簽署，之後待業主簽署後租約便正式生效，在租約正式開始前你需要向業主提供銀行戶口資料、預繳首一個月租金（另扣除已繳交的訂金）和繳付不多於五週租金（如全年租金超過£50,000的租盤則為不多於六週）的按金 (Tenancy Deposit) 作抵押之用。最後，請謹記在收樓時要檢查清楚單位狀況，這樣便萬無一失了。

經驗分享

如果租盤位置交通不是太方便，有些地產代理更會提供接送，不過如果你打算日後常以公共交通工具出入，建議可嘗試自行乘坐公交前往，以了解交通路線是否適合日後生活，火車或巴士班次可能比你想像的還要疏落。

ii. 睇樓時需要注意的事項

雖然租屋沒有買屋那麼複雜，但也不能隨便選擇你的住所，畢竟會住上至少一年半載的地方，如果搬進去才發現有問題，這時後悔便太遲了。

睇樓注意事項

在租售平台上根據你喜好、要求和考慮因素找到心儀的樓盤後，聯絡好地產代理安排睇樓，以下是一些不能在廣告中知道、要當時看或查問確認的細節，請特別留意。

Flat 注意事項

英國獨有	一般事項
· 垃圾房在哪裡？英國的公寓不像香港一樣每樓層也有垃圾桶/房，通常只在 G/F 或另設在室外 · 有否保安，是真人還是只有閉路電視遙距監控，如果是真人會否二十四小時服務？	· 有否升降機，數量是否足夠和了解一下會否經常故障 · 會否有人代收郵件？基於網上購物盛行，郵件如何接收也是一個重要課題

House 注意事項

英國獨有	一般事項
有些房屋已經蓋了很久，可能比你祖父母還要老，注意房屋結構會否有問題，例如牆身會否有大裂縫、屋頂太舊亦有危險，盡量避免租下	如果附設花園，會否缺乏保養而雜草叢生？花園不好好打理，可能會帶來蛇蟲鼠蟻的衛生問題

室內注意事項

英國獨有	一般事項
· 雖然英國並沒有大家想像中般潮濕，但由於長期陽光不太足夠，仍然要留意牆身、天花板、地腳線有否發霉，木製窗框有沒有霉爛或裂痕 · 測試暖爐或暖管需要多久才能令房間變暖，熱水器需要多久才能令水變熱，它們會不會很舊而需要更換 · 查看牆身物料及窗戶是否有效隔溫和隔音	· 電源插座是否足夠你日常所需和是否在理想的位置？在電子產品日益增多的世界內，多電源插座可是一個很大的優點 · 打開水龍頭和花灑測試水壓和檢查出水是否正常，確保水管沒有漏水 · 房屋通常都會附有儲物室，擁有很多雜物的你，不妨計算一下儲物空間是否足夠你使用 · 查看窗戶是否足夠，除了會有室內光線不足問題外，如果只有單邊窗戶可能更會有通風問題 · 留意一下附近環境有沒有噪音問題並且噪音有否傳入屋內，例如鄰近飛機場、火車軌、甚至馬路，如果附近有醫院或警局就要小心了，英國的救護車聲跟警車聲可是十分吵耳的！另外英國的 Pub 和 Bar 在晚上會很熱鬧，請多加注意

最後，如果以上都通過而你又很喜歡這個樓盤，不妨安排不同時段去再看一次，或到附近走走看一下社區。

驗樓注意事項

房東可能會安排第三方公司或者由地產代理進行兩次 Inventory Check，分別是房屋交付給你之時，和你遷出房屋之時作比較之用，為的是保障你和房東的權益，確保你沒有租住期間弄髒房屋。

在 Inventory Check 過程中會檢查房屋內每一個角落，附加照片及文字敘述再撰寫一份報告。如果沒有第三方做 Inventory Check，請你務必要拍照證明入住時的情況，尤其是有瑕疵和損毀的地方，然後跟房東報告及簽名確認，免得日後退租時房東因此而向你索償。而即使有做 Inventory Check，也建議你自行檢驗一下以下幾項：

- 測試電掣和電源插座是否能正常操作使用。附有家電的，如洗衣機、洗碗機、焗爐、微波爐及雪櫃等，當然也要試用一下
- 確保衣櫃門、櫥櫃門、大門、房門與窗戶都能開關順暢，留意螺絲、鉸位、防水膠邊及鎖等細節
- 現時英國已經規定所有出租房屋必須要安裝煙霧和一氧化碳感應器，請檢查煙霧和一氧化碳感應器上的指示燈，表示是否正在運作
- 記錄電錶、水錶和天然氣錶讀數，稍後你需要自行向各家供應商註冊帳戶和登記地址

iii. 簽租約前有什麼需要注意

地產代理會提供租約，內容大同小異，建議簽名前細心閱讀，特別要注意以下幾點：

提前終止合約條款 (Early Termination Clause)

租約可能沒有清楚的提前終止合約條款，可以要求增加這項條款。一般會是租約開始六個月後，租方可以要求在通知房東兩個月（也有些合約會是一個月）後提前終止合約。有些房東會要求租客必須自行找到新租客，或等地產代理找到新租客後才可以提前終止合約，非常麻煩，所以要特別小心有沒有類似條款。

租約期滿清潔安排

租約期滿後，房東或地產代理一般會要求租客為房屋安排專業清潔或付款代替，租約需要同意將來租約期滿時如何安排。

經驗分享

如果價錢合理，建議付款給房東或地產代理安排租約期滿清潔，不需要太多跟進工作。若果必須自己安排，建議找有規模一點的專業清潔公司，如 Fantastic Cleaners，會提供清潔品質保證和跟進，因為房東或地產代理都會找到大大小小不滿意的地方，然後要求沒收部份按金或要租客再花錢找清潔公司處理。

iv. 租金以外不可忽略的雜費

英國出租房屋一般會提供基本傢俬和電器,如煮食爐、焗爐、冰箱、洗衣機、床褥連床架等,在房地產搜尋網站會顯示提供傢俬 (Furnished)、提供部份傢俬 (Part Furnish) 或不提供傢俬 (Unfurnished)。實地視察過房屋後,最好也跟房東或地產代理確認會提供哪些傢俬和電器。如果沒有提供基本傢俬和電器,需要把添置成本和租金一拼考慮。

除了租金外,還有其他經常開支雜費,包括水費、電費、天然氣費、電話費、寬頻費、市政稅 (Council Tax) 等,房東有時會負責付其中某些費用,尤其是合租和分租房間,建議問清楚地產代理或房東,也可以作為租金還價時的條件。

另外,留意完成租房交易後,地產代理以往會向租客收取代理費 (Agency Fee),但自 2019 年 6 月 1 日新法案 (Tenant Fees Bill) 生效後,地產代理不得向租客收取其他費用,除了代房東收取租金、水電雜費、維修費、遲交租金罰款、簽約前訂金(不多於一週租金,可退回)、按金(不多於五週租金,可退回)、租約期間修改租約費(不多於£50)等。

III. 買樓

i. 業權： Freehold、Leasehold & Share of Freehold

很多準備買英國物業的人會遇到的一個問題：什麼是租賃業權 (Leasehold) 和永久業權 (Freehold) ？

Freehold ：物業持有人永久擁有物業所在的土地。

Leasehold ：物業持有人並不擁有物業所在的土地，只是向永久業權的持有人 (Freeholder) 租用土地。當租期屆滿時（而沒有續租），土地的所有權便需歸還給永久業權持有人。

Share of Freehold 或 Commonhold：物業持有人擁有物業所在土地的一部份，實際上跟 Leasehold 很相似，亦算是 Leasehold 的一種，同樣受租約條款限制。

一般而言，Flat 只會是 Leasehold、Share of Freehold 或 Commonhold，而只有 House 可以是 Freehold。

物業改建自由度大

Freehold 跟 Leasehold 最大不同之處是沒有租約，通常亦不需要支付管理費 (Service Charge) 及地租 (Ground Rent)。沒有像 Leasehold 受地租租約限制，所以只要合符法例（例如 Building Regulation）和程序（例如取得 Planning Permission），房屋的擴建或內部改造基本上是沒有限制，自由度非常大。

Freehold 取得建築許可 (Planning Permission)，甚或可以整個房屋拆毀重建。某類的擴建，例如特定的玻璃屋建築 (Conservatory)，甚至連建築許可亦不需要，故此大家可以看到很多英國的房屋，在花園部份都擴建了一個玻璃屋。但若果房屋是位於保育地段 (Conservation Area)，房屋的外觀甚或窗戶等仍可能有一定的限制。

附帶契約的偽 Freehold

某部份的 Freehold 物業亦有類似 Leasehold 的問題，英國人戲稱這類 Freehold 為 Fleecehold(偽 Freehold)。這部份的 Freehold 物業通常會有其他附帶契約 (Positive/Negative/Restrictive Covenants) 或其他合約。

這些契約跟租約 (Lease) 有點近似，某程度上限制了物業擁有人的權利 (Negative/Restrictive Covenant) 和列明其責任 (Positive Covenant)，只是合約的另一方由 Freeholder 變成了其他第三方。

偽 Freehold 同樣要付租金

除此之外，某些物業（特別是新建或有公用地方的房屋）會有租金
(Rentcharge) 或物業租金 (Estate Rentcharge) 作為公用地方 (Communal
Area) 的管理費，有時候又稱之為 Freehold Service Charge，但並不是沒
有公用地方就不會有 Rentcharge。這部份就跟之前提及 Leasehold 的地
租 (Ground Rent) 和管理費類似。

買家亦應該要留意相關的條款，因為所有附帶的契約或者租金，都是一
個合約，在毀約的情況下，對方是有可能要求賠償。即使某個物業有附
帶 Covenants 或者 Rentcharge，亦不一定有問題，因為有時候這些契約
只是為了保護整個社區的居住環境。但若果這些契約或者 Rentcharge 並
不合理，這些物業就變成了 Fleecehold。

經驗分享

一般而言，若果有 Rentcharge 或者 Covenants，律師是
會指出這部份的資訊，但買家未必會特別留意或細閱。
若果律師已經指出了相關的資訊，而買家自己忽略，律
師是會免責的。由於這個問題比 Leasehold 更為複雜，
若果買房子的時候留意到，請向你的律師多加了解。

ii. 業權：**Share of Freehold** 不是 **Freehold**？比 **Leasehold** 有更大自主權

業權種類除了主要的兩類，即是 Leasehold 和 Freehold 之外，還有 Share of Freehold，比較常見於舊式或小部份新建小型單幢住宅物業。名字上有點誤導令人以為較近似 Freehold，其實只是一種比較特別的 Leasehold，Share of Freehold 在土地註冊署 (Land Registry) 記錄中更是列為 Leasehold。

和 Leasehold 不同的是，Freeholder 並不是第三方，而是一間由部份或全部業主擁有股份的公司（也解釋了名字的由來），相關的股份通常會於出售物業時同時轉讓予新業主。

Share of Freehold 比 Leasehold 稍為優勝之處在於業主有更大權利，可以聯同其他業主，通過 Deed of Variation 更改地租租約或給予特別允許 (Consent)。這一點也相當重要，特別是 Leasehold 中常有不合理的地租條款嚴重影響業主，但卻無能力反對，也沒有跟 Freeholder 商討的權利。

和 Leasehold 一樣需要遵守租約條款

Share of Freehold 的業主只是透過股份間接擁有物業土地的一部份 Freehold，並不等同 Freehold，故此業主像 Leasehold 一樣，需要遵守租約的規定。例如，如果租約要求房間必須使用地毯 (Carpeted)，而 Freehold 公司（即大部份業主的共同意見）並不同意更改租約或給予特別允許 (Consent)，即使你擁有部份 Freehold 公司的股份，強行移除地毯依舊是違反租約，Freehold 公司或其他業主是可以為此向你要求賠償。

同樣需要留意租賃期及地租

另外，雖然通常於成立 Share of Freehold 公司時，會同時移除地租 (Ground Rent)，並將所有地租租約續至 999 年，又或者包含條款賦予 Leaseholder 免費續租的權利，但並不是所有 Share of Freehold 物業都有相關的條款。

若果屬意的物業剩餘租賃期少於或貼近 80 年期，即使是 Share of Freehold，買家亦應該留意租約條款，並先要求賣家續約。若果賣家或地產經紀十分抗拒，堅持這是 Share of Freehold 物業故此剩餘租賃期並不重要時便更要小心。有可能賣家之前已經嘗試，而當中的費用高於預期或有其他問題令續租受阻。

例如其他的租約早已續至 999 年並移除地租，而你屬意的物業依然有不合理的地租加幅條款 (Ground Rent Escalation Clause)，這時候你續租的費用便要包括當中 Freehold 公司將會損失的地租，故此費用金額可能相當龐大。雖然有以上可能，但情況並非常見，建議向律師問清楚以減低風險。

住在英國

經驗分享

買家應該明白的是，即使是 Share of Freehold，當中的
金錢交易，並不是「左手交右手」，而是你與 Freehold
公司之間的交易，你只擁有 Freehold 公司的一部份股
份。即使 Freehold 公司有權利要求你支付高昂的費用，
你亦可能會遇到很好的鄰居（即其他業主，亦即其他
Share of Freeholders)，並不要求這筆費用。

本來是 Leasehold 也有機會成為 Share of Freehold ？

根 據 Leasehold Reform Housing and Urban Development Act 1993 (as
amended)，只要符合特定條件，大部份的 Leasehold 業主是可以使用集
體購買權 (Collective Enfranchisement) 以及優先購買權 (Right of First
Refusal) 去購買 Freehold。但由於其中一個條件是至少 50% 業主參與購
買，以及需要一定的資金，故此在實行上會有很大的難度（特別是大
部份的新建屋苑業主有不少是海外買家）。當然你亦可以嘗試直接向
Freeholder 購買 Freehold (Negotiated Purchase)，但由於這並不是法律賦
予的權利，通常都會被拒絕。

還有一種類似的業權： Commonhold

Commonhold 和 Share of Freehold 類似，業主同樣只擁有物業所在土地的一部份，是通過稱為 Commonhold Association 的公司和其他業主共同擁有。但沒有租賃期及地租，取代租約的是 Commonhold Community Statement，業主同樣需要遵守當中的條款及限制。

另外，Commonhold 只能由原先是 Freehold 的土地或物業並在土地註冊署 (Land Registry) 註冊時登記成為 Commonhold，不像 Share of Freehold 可以後來才由 Leasehold 轉換而成。

租約影響物業流轉及按揭

在此必須強調，地租租約各有不同變化，當中條款都是有法律效力，故此應該小心細閱。之前亦提過英國物業買賣相對較保障買家利益，故此一旦沒查清楚購入問題物業，要賣走的難度亦會比在香港高。

除了無法賣出外，亦有機會在將來無法承造新按揭，導致於當前按揭固定利率期完結後，被逼支付高昂的標準浮動利率 (SVR)。目前就有不少英國業主，因為大廈外層 (Cladding) 的問題而暫時無法承造新按揭，最後被逼支付標準浮動利率。

iii. 業權：何謂 Leasehold？ 地租內魔鬼條款要注意！

英國物業的業權主要分為租賃業權 (Leasehold)、永久業權 (Freehold) 和 Share of Freehold，當中租賃業權 (Leasehold) 概念香港人會比較熟識，因為基本上所有香港物業（除了中環聖約翰座堂等例外個案）都是 Leasehold。不少人可能會覺得過百甚至幾百年的租賃年期，基本上就與 Freehold 無異，這想法在香港可能合理，但在英國並不完全合適，而且除了租賃年期，還會有其他的考慮。

地租合約 (Lease) 是 Leaseholder 與 Freeholder 之間的一個合約，大家應該要留意當中的細節。與香港不一樣，英國的 Freeholder 並不是政府，一般是由私人或公司所擁有，故此每一份租約的地租金額、細節與執行都可以有很大的差異，接下來會詳細解釋。

剩餘租賃期 (Years Left on Lease)

英國初始的租賃年期通常從 99 年至 999 年不等，剩餘租賃期越短，物業價值通常就越低，特別是少於或貼近 80 年的物業價值會開始下跌。剩餘租賃期為 100 年、250 年與 999 年的物業價格一般並沒太大分別。因為英國與香港不同，香港暫時沒有清晰明確的續租法例（註：很多 1997 年前物業將會於 2047 年到期），而英國則有法例可循。

根據 The Leasehold Reform Housing and Urban Development Act 1993，只要 Leaseholder 持有物業至少 2 年，便可以向 Freeholder 申請續租 90 年並減免地租。當然，續租時 Leaseholder 需要給予 Freeholder 一定的補償，剩餘租賃期及地租為其中會考慮的部份。

至於為什麼 80 年是一個分界線？因為續租時剩餘租賃期少於 80 年的話，Leaseholder 需要付予 Freeholder 一個特別費用—Marriage Fee，即是物業因為延長租賃期後價值提升的一半，這筆費用金額可以非常龐大。故此，如果你有興趣的物業租賃期接近或短於 80 年，應先要求賣方先行續租或考慮可能要承擔的費用。

地租 (Ground Rent)

香港政府作為業主，地租劃一規定為批租土地應課差餉租值的 3%，故此地租多少並非香港物業買家考慮的因素。但由於英國的地租租約各有不同，地租多少和計算方法亦有不同，普遍有以下幾種：

1. 名義地租 (Peppercorn/Nominal Rent)

是最為吸引的地租，泛指小額或名義租金，並沒有確實定義，但多數是每年少於 £10 的定額地租，或者是 One Peppercorn if Demanded，亦有 One Red Apple if Demanded。One Peppercorn 就是指一粒胡椒子，Freeholder 通常不會真正收取，所以可以說是免除了地租。但如果

有朝一日，一粒胡椒子亦變得價值連城的話，Freeholder 還是可以要求 Leaseholder 支付的。

2. 定額地租 (Fixed Rent)
是一個定額地租，就是每年支付一個不變的地租，是除 Peppercorn/ Nominal Rent 外最吸引和簡單直接的地租。

3. 不定額地租 (Variable Rent/Escalating Rent)
有各式各樣的變種，有預定的(Scheduled)，有根據樓宇價值升幅(Property Value) 或通脹指數遞升的，或者每隔一定年期加倍 (Doubling every 10/20/25 years) 的，這些通稱為 Ground Rent Escalation Clause。暫時比較普遍的是根據通脹指數或者每隔 25 年雙倍的地租：

· 根據通脹指數 (RPI/Inflation Index) 遞升的地租
一般是可加不可減，所以碰巧更改地租時出現長期惡性通脹的話，這類地租可能會比其他樓房的地租為高。

· 每隔 25 年雙倍的地租 (Doubling Every 25 Years)
大概就是每年 2.8% 升幅。這兩類的地租暫時都沒有出現太大的問題。但亦有部份按揭機構只接受地租少於物業價格的 0.1% 的，故此地租加幅條款越「辣」，將來按揭貸款審批出現問題的機會越高。

· 每隔 10 年雙倍的地租 (Doubling Every 10 Years)
就是超過每年 7% 的升幅，這類物業以前能夠承造按揭，但近年按揭機構留意到其潛在地租升幅後不再承造按揭，以致業主很難賣出物業，成為一個地租醜聞 (Ground Rent Scandal)。而政府亦開始進行 Leasehold Reform 的咨詢，幫助受影響的業主減省地租的壓力。

地租問題影響按揭批核

如果屬意的物業因上述的不定額地租問題而不能承造按揭，建議直接放棄比較好。即使目前並沒有問題，將來也會為物業出售或按揭帶來風險。

之前亦提過英國物業買賣相對較保障買家利益，故此一旦沒查清楚購入問題物業，要賣走的難度亦會比在香港高。除了無法賣出外，亦有機會在將來無法承造新按揭，導致於當前按揭固定利率期完結後，被逼支付高昂的標準浮動利率 (SVR)。目前就有不少英國業主因為大廈外層 (Cladding) 的問題而暫時無法承造新按揭，被逼支付標準浮動利率。

順帶一提，若地租高於 £250 （倫敦外）或 £1,000 （倫敦內），該份租約是有可能被視為 Assured Tenancy。

由 2021 年開始，因應有不少 Leaseholders 要負擔高昂地租的不公平情況，政府宣布地租改革，Leaseholder 可以選擇續地租最多 990 年並且繳交零地租。

其他不可忽視的條款

地租租約的變化很多，在此會例舉部份較常見的條款以供參考，大家可以感受到不同租約的條款限制可以差距很遠，亦很大程度地影響是否適合你的居住需要。

1. 結構性或非結構性改變

(Structural/Non-Structural Alternation)

大部份的租約都禁止對物業作出結構性改變或要向 Freeholder 申請，故此即使希望鑽穿外牆加裝冷氣亦未必被允許。至於非結構性改變，大部份租約都會容許，但有部份租約需要向 Freeholder 申請並繳付合理費用 (e.g. Not without the prior written consent of the Landlord such consent not to be unreasonably withheld)。何謂非結構性改變並沒有一個完全明

確的法律定義，即使是重新裝修或者更改地毯或地板，亦有機會要向 Freeholder 申請。

2. 地毯或地板

大部份的租約都會要求地面上有合規格的消音材料 (Suitable Sound Deadening Material/Insulation)，某些租約會強制規定地面或者房間內一定有地毯 (Carpeted) 而非地板或其他物料 (Hard Flooring)，但有可能 Freeholder 會容許透過 Deed of Variation 更改相關條款。

3. 露台

大部份的租約都對露台使用上有限制（例如不能作儲物用途），但執行的嚴格程度各有不同。而部份租約的露台並非屬於單位，而只是賦與一個使用權 (Exclusive Right to Use a Balcony)，但通常並無實質影響。

4. 買賣或放租限制

通常見於 Permitted Use 或 Alienation 條款內。部份租約會要求 Leasehold 在買賣或放租物業時通知 Freeholder 並繳付合理費用。有部份 Shared Ownership/Help to Buy 的物業在買賣甚或放租上會有所限制，亦有見過 100% Staircased 後依然完全禁止放租（Freeholder 同意下可以經由 Deed of Variation 將此條款取消，但難免會衍生額外費用）。不少也會禁止出售或放租部份單位 (Not to assign transfer let or part with possession of part only of the apartment)。若果看到有比較嚴格的條款時，大家必須多作考慮。

5. 窗簾或窗紗

部份租約會因為防火問題禁止窗紗 (Net Curtain)，又或者因外觀問題規定窗簾的顏色。

經驗分享

以上資料只是給予大家作為參考的，實際情況各異，故此建議大家必須於購買物業時仔細了解地租租約，如有不清楚的地方應該詢問律師意見。

即使租約上有所限制，亦不代表 Freeholder 一定會執行（例如窗簾顏色的限制），而不同的 Freeholder 在執行方式和嚴格程度亦有不同，但 Freeholder 的權利一直都在，故此買家應自行衡量風險。再者，由於 Freehold 是可以買賣的，所以即使目前的 Freeholder 執行上比較寬鬆，亦不代表將來亦會一樣寬鬆，不同 Freeholder 對同一項目的收費亦可能有很大的差異。

違反租約的最嚴重後果是沒收租約 (Forfeiture of the lease) 又或者要對 Freeholder 作出賠償，所以大家必須清楚了解冒險違約的風險。

iv. 由睇樓到收樓　詳盡買樓流程

買樓程序大致如下（適用英格蘭、威爾斯及北愛爾蘭，蘇格蘭則略有不同）：

Step01 前期準備

· 計算能應付的樓價 / 首期，也要考慮其他支出（釐印、律師費等）

· 預計能借按揭金額 (Agreement in Principle)——在議價時會需要提供以示誠意及有能力借款

· 確保信用報告 (Credit Report) 沒有問題

Step02 搵樓、睇樓

· 房地產租售平台上找合符要求並在預算之內的樓盤

· 找到心水樓盤後，留下聯絡方法並表示有興趣，之後地產代理會聯絡你安排睇樓

· 睇樓——要留意屋內外的各種細節 (睇樓細節請參閱前文《睇樓時需要注意的事項》)

Step03 出價 (Make an offer)

- 出價——一般透過地產代理出價
- 接受出價——可以嘗試要求賣家把樓盤下架作為出價條件，以減低其他買家後期介入的風險，但視乎賣家意願

註：只有賣家需要付地產代理佣金，大約為物業售價的 1%-3%（另加 VAT）

Step04 委託律師 (Conveyancer/Solicitor)、驗樓 (Survey)、申請按揭

委託律師

幫忙處理買樓的一切法律工作並代為申請各種檢查報告。

- 一般會要求先付一部份費用，其餘到付清物業售價全費時同時繳付
- 普遍收費為 £800 至 £2,000 不等
- 提供律師聯絡資料給地產代理
- 地產代理會將銷售備忘錄 (Memorandum of Sale) 的副本發送給雙方律師，當中包括報價金額、雙方名稱及律師資料等
- 你要準備給律師提供個人資料及提出特別要求，賣方也要準備及填妥一系列表格及文件
- 律師將會要求賣方律師提供一系列文件 (Seller Pack)，包括：合同 (Contract)、物業資料表 (Property Information Forms)、土地註冊證明 (Registry Document of Title) 等
- 之後，律師會進行地區搜索 (Local Searches) 包括：排水 (Drainage)，環境 (Environmental) 等

按揭申請

可以直接找按揭機構或找按揭顧問經紀 (Mortgage Advisor) 推介合適和最划算的按揭。

· 通知按揭機構或按揭顧問經紀你的出價已被接受，提供物業的詳情及出價銀碼

· 按揭機構會自行安排物業估值 (Valuation)，並調查物業有否影響做按揭的問題，亦會仔細調查你的還款能力是否足夠

驗樓

確保無存在有可能引致物業價值受影響的問題。

· 驗樓公司 / 測量師 (Surveyor) 會檢查物業的房屋狀況及結構問題等，讓你在簽合約前知道房屋有沒有要修理的地方

· 驗樓有時候可以給買家再跟賣家議價的工具。驗樓是選擇性而非強制的，但建議可以花幾百鎊換來一個安心，更可長遠節省修理費用。市面上的驗樓公司普遍提供三種不同的報告：

· Level 1 — Condition Report（約£200 - £400），基本檢查報告，對房屋的狀況及其內容提供了一般性的意見，推薦用於新建樓宇

· Level 2 — Homebuyer Report（約£500 - £900），針對房屋狀況和當前市場估值提供總體意見的調查報告，適用於任何購買房屋的人

· Level 3 — Building Survey（約£600 - £1,200），專為較舊的房屋或已更改或非傳統的建築物而設，進一步詳細檢查該物業的結構和完整性

經驗分享

不一定要找地產代理轉介的律師、測量師、按揭顧問等，可以在網上多找幾間註冊律師樓／測量師行／按揭顧問公司報價再作比較，記緊問清楚各種收費。價錢一般相差不太遠，服務質素更為重要，作者試過律師回覆電郵很慢，直接打電話卻只接到外判的秘書接線服務，很著急卻無計可施。

Step05 完成檢查及提問，同意最後成交價

· 律師會向你確認所有文件已經準備好，亦會檢查所有文件及驗樓報告，看看有否重大問題會影響繼續交易或以此再作還價，並向賣方律師提出詢問

· 此階段要按各文件報告作出提問並等候賣方回覆，一般花較長時間，按揭申請亦可能需時，甚至得到不獲批通知

· 賣家可能等候太久而取消交易或接受其他買家更高出價，故此必須著緊一點留意各方進度

· 此刻直至交換合約前仍可以改變主意取消交易，但會失去已花費的驗樓、檢查報告及律師等服務費

Step06 交換合約 (Exchange Contracts)

· 買賣雙方同意一切後，會收到合約
· 確保內容及細節正確無誤，並提出一切疑問，看清楚和問明白後簽署，
  一般會要求交付訂金
· 雙方律師會交換已簽署的合約，亦代表交易有正式合約條款保障，雙
  方都不能退出交易

Step07 完成交易 (Completion) 及支付全部金額

· 律師要求按揭機構交出你申請的借款
· 支付其餘金額，即首期的餘款，轉帳到律師代收再轉交到賣家，確認
  後即完成交易
· 律師會做土地註冊並代付釐印費
· 繳清律師費及其代付的一切雜費，律師會提供詳細收支列表
· 賣家付地產代理佣金
· 完成交易，買家會從地產代理收到物業鎖匙

經驗分享

銀行有每日轉帳上限（£25,000 或更少，視乎銀行而
定），超過則需要付手續費及要到分行辦理，要準備
訂金可提早分開幾日匯款至戶口，省下手續費。

v. 出租物業：按揭、稅務及注意事項

除了買樓自住外，不少人亦會買樓出租或出租部份自住物業，以下是作為業主出租房屋的注意事項。買樓出租的流程基本上和買樓自住一樣，只是按揭、釐印等細節或許會有些分別，下面會再詳談。

1. 釐印費

釐印費計算方法跟出租與否無關，但一般人會自住一個物業，另外再買物業作為出租之用，會屬於非首次置業的類別，釐印費會比首置多 3%，詳細計算方法請參考另文《買樓：首期之外，也要預留資金付其他費用》。

住在英國 🏛️

2. 買樓出租 (Buy-to-let) 按揭

借按揭買樓出租這方面跟香港很不一樣，不像自住按揭般視乎你的個人薪金入息，而是視乎該物業的預期租金收入。

· 買樓出租按揭的利率一般比自住按揭稍高少許，但最大的分別是可借金額限制較大

· 計算預期租金收入是否足以償還在壓力測試高利率情況下（一般為 5.5%），並以利息保障倍數 (Interest Coverage Ratio)（一般為 145%）倍大後的利息支出，例子如下：

假設按揭機構所設定的壓力測試利率為 5.5% 及利息保障倍數為 145%

按揭借款 £200,000，每月預期租金必須有至少 £1,329.16 (= £200,000 x 5.5% x 145% / 12)

反過來計算，若每月預期租金為 £1,000，按揭借款最多為 £150,470 (= £1,000 x 12 / 5.5% x 145%)

自住按揭只要個人收入足夠的話就能借更多（不超過貸款價值比率上限的情況之下），但從另一方面看，即使你沒有固定收入或收入不足，也可以借按揭買樓出租。只要你有足夠現金作首期不需借太多按揭，租金收入足以償還高息環境下的供款金額。申請出租按揭的要求和按揭利率種類，跟自住按揭大致相同，詳情可以參考《按揭申請要求及比較》一文。

我可以用自住按揭出租嗎？

· 你不能申請自住按揭然後把房屋整個出租，即使你原本真的只作自住之用，但後來遷出並出租，你亦需要獲得按揭機構的許可，正常會要求你先轉換到出租按揭計劃才可獲准出租

· 仍以物業作為永久住所，只是作短期出租或只出租其中的一部份，很大機會可以沿用自住按揭，建議先向按揭機構查問清楚

3. 稅務

· 需要為租金利潤繳交個人入息稅，利潤即是租金收入減去出租相關並合資格的支出 (Allowable Expenses)

　- 注意自 2020 年 4 月起，只有稅階為 Basic Rate 的納稅人才可以用按揭利息為合資格支出來扣稅，故此稅階為 Higer 或 Additional Rate 的納稅人則不得用按揭利息以作扣稅

　- 合資格支出包括：地產代理租務費用、家居保險、維修、清潔、園藝、水、電、氣、網絡、Council Tax、管理費、地租、替換傢具及家品（必須為舊有物件不得繼續使用情況下的替換）等

　- 可以選擇不扣去出租相關支出而使用每年 £1,000 物業免稅額（聯名物業二人各自有 £ 1,000 物業免稅額）

　- 如租金收入介乎 £1,000 至 £2,500 之間，需要聯絡稅務局 (HMRC)，租金收入超過 £2,500 則必須填寫報稅表

　- 若以自住物業間中作短期出租，如在旅行期間出租 Airbnb，亦以上述方式計算

· 若以自住物業只出租其中的一部份，例如通過 Airbnb 出租一間房間，可以選擇使用出租房間計劃 (Rent a Room Scheme)

　- 選擇此計劃出租相關支出不能扣稅及不能使用 £1,000 物業免稅額，但有 £7,500 的租房免稅額（若與另外一人平均分享租金收入則每人的租房免稅額為 £3,750）

· 若以出租物業作為商業操作（例如：這是你唯一職業、出租多於一個物業、購入新物業作出租等），並每年利潤超過 £6,475，需要另外繳交 National Insurance。

業主的責任

· 確保出租物業安全及適宜居住
  - 確保天然氣爐具及電器安裝無誤及保養得宜
  - 安裝煙霧探測警報器 (Smoke / Carbon Monoxide Alarms)
  - 遵守物業防火條例
  - Council 發現物業有潛在風險或在租客的要求下，可以進行居住健康及安全 Housing Health and Safety Rating System (HHSRS) 檢查，若發現問題或危險，如樓梯高度不一致等，嚴重的會向你作出警告、先進行維修並向你收回費用，甚至禁止任何人使用該物業
· 提供物業的能源效率證書 Energy Performance Certificate (EPC)
· 將租客的按金放到政府許可的按金計劃之中
· 查證租客有否權利租住房屋
  - 有合法簽證或身份作居留
  - 檢查證件真確性及保留副本作記錄

經驗分享

英國法例較保障租客權益，即使有爭議甚至沒有交租也不能馬上趕租客離開，需要跟程序申請調解或上法庭解法，時間可長達大半年，對業主造成的金錢和時間的損失不菲。故此很多業主會對租客作嚴謹的背景審查，像招請員工時的背景審查一般嚴格，以確保租客有穩定職業和收入，會顧忌影響工作的緣故亦不敢不交租或亂來。

vi. 首期要多少？按揭可以借多少？

在英國買樓自住的樓價預算如何計算？接下來為你詳細介紹。

樓價預算

首先要知道自己可以負擔的樓價。若一筆過現金購買當然簡單，手頭現金量就是你的預算。而大多人都會選擇借按揭貸款 (Mortgage) 來買樓，預算考慮則如下：

1. 還款能力

按揭可借金額上限一般為家庭稅前年收入的 4-5 倍，也視乎貸款機構、你的信用分數 (Credit Score) 及固定支出和負債狀況。

很多銀行都有網上系統讓用家初步估算自己能借的按揭金額，例如：HSBC(https://www.hsbc.co.uk/mortgages/how-much-can-i-borrow/)。

> **例子：**
> 二人家庭，每人稅前年收入為 £3 萬，合共 £6 萬，並無其他負債及信用分數良好。按揭貸款上限（以 4.5 倍計算）大約為 £27 萬。

2. 貸款價值比率

按揭可借金額也會跟房屋的價值掛勾，一般貸款價值比率 (Loan To Value Ratio) 上限為 90%，也視乎貸款機構而定。

> **例子：**
> 樓價為 £40 萬，按揭貸款上限（以 90% 計算）為 £36 萬。

同時考慮上述按照還款能力而定的按揭貸款上限，可以計算出你的樓價預算上限。

> **例子：**
> 按照還款能力計算的按揭貸款上限為 £27 萬，再以 90% 貸款價值比率上限計算，即可負擔樓價上限為 £30 萬 (= £27 萬 / 90%)。

3. 現金預算：首期

樓價扣除按揭貸款後剩餘的金額便需要以現金支付，即是首期 (Deposit)。

前面提及按揭貸款上限一般為樓價的 90%，亦即最低首期金額為樓價的 10%，若以政府 Help to Buy 計劃購買新樓，首期可以低至 5%。而由即日起至 2022 年 12 月 31 日，政府更推出了新計劃，擔保置業人士向按揭機構借最多 95%。

> **例子：**
> 預備用作買樓的現金（首期）為 £4 萬，以 90% 貸款價值比率上限計算（即最低首期為 10%），即可負擔樓價上限為 £40 萬 (= £4 萬 / 10%)。

總括而言，樓價預算視乎上述三大因素，需要同時符合所有條件，就是你預算買的樓。

綜合之前的例子：

按照還款能力及貸款價值比率計算，可負擔樓價上限為 £ 30 萬；

按照現金預算計算，可負擔樓價上限為 £ 40 萬；

即實際可負擔樓價上限為 £ 30 萬。

vii. 按揭申請要求及比較

一般按揭貸款機構要求申請人滿足不同條件,有些要求更高更嚴格,以下為常見接受按揭申請的最低要求:

· 英國居民,在英國居住超過六個月,如果是簽證持有人,簽證的餘下年期最少六個月至一年

· 有固定工作

· 有英國銀行戶口

· 良好信用記錄

1. 選擇按揭貸款機構

英國可以提供按揭的機構很多,不單是銀行,還有 Building Society。究竟用哪一間機構比較好,哪一間更適合你?可以考慮以下幾個因素:

居民身份

所有按揭機構的基本要求為英國居民(即是在英國居住超過六個月)。大部分都要居住超過一年,有些更需要兩、三年。

對簽證持有人,簽證的餘下年期最少六個月至一年,有些要求更長。有些按揭機構甚至只接受英國公民及歐盟國家國民申請。

對於新來英國居住的這會是重要考慮,建議先找出哪些按揭機構適合自己的情況後再作其他比較。相對 HSBC、Barclays 這些大銀行,Halifax 這類較小型的銀行比較容易批准按揭給予簽證居民,詳情請向各機構查詢。

還款期限及貸款價值比率 (Loan To Value Ratio)

不同按揭機構提供的按揭貸款各有不同,比如還款年期上限、貸款價值比率上限等都可以影響你的預算,如果預算較緊特別需要留意。

2. 選擇按揭計劃

利率直接影響每月供款額,當然非常重要,按揭計劃所用的利率一般分為以下兩類:固定利率 (Fixed Rate) 及浮動利率 (Tracker Rate)。

英國按揭的玩法跟香港不同,選擇的利率只適用在還款期內的首幾年,之後會轉以標準浮動利率 (Standard Variable Rate) 計算,想享用更實惠的利率就需要每幾年轉換新的按揭計劃。有些機構提供較低按揭利率,但同時批核條件較嚴格,所以需要向機構查詢才可得知是否適合自己。

固定利率

顧名思義，不論英倫銀行 (Bank of England, BoE) 基準利率 (Base Rate) 如何變動，你的利率在固定期間內（大多數為二、三或五年期）保證不變，即是每月供款都保持不變。尤其現在利率較低，有一定的吸引力。但是，決定固定年期時要仔細考慮，年期越長一般利率越高，年期越短也代表越頻繁要轉換按揭計劃。在固定利率期結束後，你的每月供款會轉為以標準浮動利率計算，這個利率通常很高，所以緊記要在固定利率期結束前選擇好新的按揭。

浮動利率

浮動利率是按照 BoE 的基準利率加上固定的利息差 %。

> **例子：**
> 固定利息差為 1%，如果 BoE 基準利率為 0.5%，實際利率為 1.5% (= 0.5% + 1%)。如果 BoE 提高基準利率至 1%，實際利率將提高至 2% (= 1% + 1%)。

如果基準利率提高，每月還款會提高，但實際上並沒有還清更多按揭貸款本金，只是支付多了利息。當然相反地，如果基準利率下跌，實際還款也會跟隨減少。

跟固定利率一樣，在浮動利率年期（一般為兩年）結束後，你的每月供款會轉為以標準浮動利率計算，這個利率通常很高，所以緊記要在浮動利率期結束前選擇好新的按揭。

固定利率優點	浮動利率優點
· 即使基準利率升高，每月還款也不變，容易計劃每月家庭預算 · 在低利率環境下比較划算	· 如果將來基準利率下降，每月的還款額會跟隨減少 · 不像標準浮動利率，按揭機構不可以隨時改變你的利率

標準浮動利率

標準浮動利率是按揭機構根據 BoE 的基準利率加上自家的利率結合而成。儘管標準浮動利率傾向遵循 BoE 的基準利率，但按揭機構可以根據實際需要上下調整自家利率。所以用家幾乎沒有機會預測其變動，也因些被視為比較高風險的選擇。

固定利率及浮動利率年期結束時若沒有選擇好新的按揭，會自動轉為以標準浮動利率計算利息。雖然利率較高，但彈性較大，通常沒有提早清還費用，可以免手續費隨時一筆過還清按揭。

經驗分享

值得注意是有些按揭計劃會收取一筆過手續費（如：Arrangement Fee, Set-up Fee），有一些則不用，這令到比較產品時難度增加。讀者不妨用網上平台比較一下各家的利率，不少平台也會將支付總數加起來讓用家更容易比較不同產品，如 MoneySuperMarket。

viii. 首次置業及非首次置業者印花稅有何分別？(英格蘭及北受爾蘭適用)

1. 首次置業

首次置業買家（即在全球任何地方均未曾擁有過物業），而樓價低過
£625,000，可受惠於首置買家印花稅優惠：

· 樓價首 £425,000，免印花稅
· £425,001 到 £625,000，印花稅為 5%

首次置業樓價 £625,000 以上，印花稅計算方法等同非首置買家，請參見非首次置業。

例子：

樓價 £450,000，首 £425,000 免印花稅，餘下 £25,000 收取 5% 印花稅，即 £1,250 (= £25,000 × 5%)。

2. 非首次置業

非首次置業買家，若果以樓換樓方式購買（即不是買第二物業），或首次置業買家而樓價為 £ 500,000 以上，印花稅率如下：

樓價部分	稅率
首 £ 250,000	0%
£ 250,001 - £ 925,000	5%
£ 925,001 - £ 1,500,000	10%
£ 1,500,000 以上部分	12%

例子：

樓價 £ 650,000，首次置業或樓換樓，首 £ 250,000 免印花稅，其後 £ 400,000 收取 5% 印花稅，即 £ 20,000 (= £ 400,000 × 5%)。

若果是購買第二間物業而不是樓換樓，需要繳交額外 3% 印花稅，三年內完成換樓則可以獲退回印花稅。

非英國居民額外印花稅

若買家在置業前 12 個月內並沒有在英國居住最少 183 日（6 個月），則會被定義為非英國居民，而非英國居民由 2021 年 4 月 1 日起在英格蘭或北愛爾蘭置業，需要在上述的印花稅之外，再繳交額外 2% 的印花稅。

印花稅計算方法按不同人的情況而各有不同，也可以用 GOV.UK 印花稅計算機計算你的情況應該要付多少印花稅。

https://www.tax.service.gov.uk/calculate-stamp-duty-land-tax/#/intro

Calculate Stamp Duty Land Tax (SDLT)

This calculator can be used for property purchases that are:

- for first-time buyers
- replacing main residence
- additional property
- residential or non-residential
- freehold or leasehold
- for non-UK residents purchasing residential property

The calculator will work out the SDLT payable for most transactions. You should check the guidance if you are uncertain about how SDLT applies to your purchase or if you believe it may qualify for a relief.

There are different rules for a corporate body purchasing residential property for more than £500,000.

Start now >

ix. 首期之外，也要預留資金付其他費用

除了首期及印花稅外，買樓過程中還有各類不同費用，在買樓前要預留好流動資金作付費之用。

律師費 (Conveyancing Fee)

在整個買樓程序，由一開始直至完成買賣交收鎖匙為止，律師是會一直參與在其中，所以找一個負責任、效率高的律師是非常重要。

不同律師收費不一，大部分收取固定費用，但有些會按小時收費，或要求按物業價格的一定百分比收費，所以要小心選擇。一般也會代付各項文件、報告和檢查等費用再向你收費，報價時和最後完成交易後的帳單中都會清楚列明。普遍收費（連雜費）為£800至£2,000不等。可以在搬屋相關的價格比較網站 (comparemymove、reallymoving) 上比較。

每家大概會提供以下服務（要收取額外 20% VAT）：

· 法律服務收費 (Legal Fee)
· 銀行轉帳處理 (Bank Transfer fee)
· 身份核對工作 (ID Verification Fee per client)
· 印花稅處理 (Stamp Duty Land Tax Completion Fee)
· 按揭處理 (Mortgage Fee)
· 賣家律師銀行戶口查核 (Seller's laywer bank check) — 有些收費有些免費

另外有一部分實報實銷費用（Disbursement）：
· 本地搜查 (Local Searches)
· 土地登記 (Land Registry Fee)
· 破產記錄查核 (Bankruptcy Search)
· 土地登記冊查核 (Land Registry Priority Search)
· 產權產核 (Title Plan for Expediting Searches)
· 任何其他服務，例如郵費和快遞
· 釐印費一般亦由律師代交

驗樓費 (Surveying Fee)

驗樓主要目的是檢查房屋狀況、結構問題等，讓你在制定合約前知道房屋有沒有要修理的地方。驗樓有時候可以給買家再予賣家相討樓價的工具。並非強制需要，但是筆者建議可以花幾百鎊換來一個安心，更可長遠節省修理費用。市面上的驗樓公司普遍提供三種不同的報告：

Level 1 — Condition Report（約£200 - £400）

基本檢查報告，對房屋的狀況及其內容提供了一般性的意見。推薦用於新建樓宇。

Level 2 — Homebuyer Report（約£500 - £900）

針對房屋狀況和當前市場估值提供總體意見的調查報告，適用於任何購買房屋的人。

Level 3 — Building Survey（約£600 - £1,200）

專為較舊的房屋或已更改或非傳統的建築物而設，進一步詳細檢查該物業的結構和完整性。

按揭代理 / 介紹費 (Mortgage Advisor / Broker Fee)

大家可以自己上網，比較各按揭機構的按揭計劃，選好後再自己申請，這樣做就不需要付任何按揭介紹費。

但有時候網上未必包括所有按揭機構，而且有些按揭計劃未必能在網上找到，如果想找最划算的按揭，節省更多金錢，有人會付款聘請按揭代理或介紹人。他們會替你找出符合你情況最適合（比如有些只接受英國公民申請）和最划算的按揭機構和計劃，費用有定額的、也有跟據按揭金額多少收取的佣金，約為數百鎊或更多。

銀行估價費用 (Valuation Fee)

主要是銀行聘請 Surveyor 作物業估計費用，買家多數不會取得報告，銀行會以該估價作為按揭用途。費用約 £200- £400。

經驗分享

作者自己買樓（Freehold Terraced House）時，驗樓費（Level 2 Homebuyer Report）為 £560，律師費用連雜費為 £959，銀行估價費用為 £200。

切記貨比三家，多找幾間報價先作比較，亦要參考網上評價。

x. 買家保障大　不易被騙買次貨

在英國和香港買樓有各種差異，其中一樣重大的分別便是在二手樓宇交易前期，並沒有合約及訂金約束，買家的自由度和保障程度較大。一手新樓是跟發展商交易，英國也跟香港類似，需要在交易初期繳付訂金作為留位之用，以下所提及主要為二手樓宇交易，新樓則不太適用。

銷售備忘錄

當賣家接受了買家的出價 (Offer)，地產代理會開出一份銷售備忘錄 (Memorandum of Sales)。備忘錄並無法律效力，只是一個君子協定，在簽訂正式買賣合約及繳付訂金 (Deposit) 前，所有的細節（包括價格）仍有斟酌的空間，例如，驗樓 (Surveying) 期間發現熱水器 (Boiler) 有問題，或者因為房屋市場價格大跌而覺得出價過高，又或者按揭機構估價不足，買家都可以向賣家提出減價要求，賣家可以拒絕，而買家亦可以選擇退出交易。當然，若果提出太多不合理的要求，賣家可能會覺得買家缺乏誠意而中止交易。

買賣雙方關係較為平等

總而言之，在英國買樓於簽訂正式合約前，買賣雙方均可以隨時無條件退出交易。買家損失費用大多只是驗樓費 (Surveying Fee)、估價費 (Valuation Fee) 及部份律師費 (Conveyancing Fee)，若買家所選的按揭機構提供免費估價，損失的金額更加有限。

xi. 5% 首期也可以買樓
政府 Help to Buy 置業貸款計劃介紹

英國政府自 2013 年起實施的置業援助政策，目的為幫助潛在買家，尤其是首次置業的年輕人。

· 目前政策截止申請日期為 2022 年 10 月 31 日下午 6 點（蘇格蘭已截止）

· 政策對象不限英國公民，擁有簽證合法居留人士（包含 BN(O) Visa）均可申請

政策內容

政府向合資格人士提供房貸（Equity Loan），貸款金額為房價 15%-40% 不等，首五年不用繳付利息，買家可決定向政府借取多少百份比。餘下貸款需由按揭機構提供，買家只需繳付房價 5% 作為首期付款。

註：一般按揭機構能批核的貸款額為申請者年薪約 4.5 倍。（例：如夫婦二人年薪合共 £80,000，按揭機構大約能提供 £360,000 貸款，詳細因應不同按揭機構／個人情況而異）

UK 英適生活

政府可提供房貸因應地區而異：

· 英格蘭／威爾斯地區－最高為房價的 20%
· 蘇格蘭－最高為房價的 15%
· 倫敦－最高為房價的 40%

例子：
如買家有意在倫敦購買價值 £500,000 的單位，自己需預備 5% 的首期（即 £25,000），然後透過 Help to Buy 向政府借取最多 40% 房貸（即 £200,000），餘下 55% 貸款由按揭機構借取（即 £275,000）。

註：值得留意的是，置業後假如樓價升值，買家欠政府的房貸亦會因而增加（用上例説明：購買時價值 £500,000 的單位，若干年後升值至 £550,000，買家欠政府的貸款會變成 £550,000 的 40%，即 £220,000，而不是當初的 £200,000，同樣地假如樓價下跌，買家欠政府的房貸亦會因而減少。

申請方法

可以到官方網站找各分區的網站中尋找可供購買的 Help to buy (Equity Loan) 的物業，倫敦的物業亦可在倫敦市政府網站尋找，或向相關的地產代理查詢詳情。

Help to buy 官網：

https://www.helptobuy.gov.uk/equity-loan/find-helptobuy-agent/

倫敦市政府網站：

https://www.london.gov.uk/what-we-do/housing-and-land/homes-londoners/search/

貸款計劃詳情

1. 英格蘭

限制

- 援助提供予首次置業買家（就算已婚夫婦其中一方名下有物業，另一方也會自動被視為已有擁有物業）
- 只適用於新落成的樓盤，樓價上限會因應不同地區而有所不同，請參閱下表（發展商通常會有清單分開列明適用於 Help to Buy 計劃的樓盤單位號碼，網上樓盤廣告則會印有 Help to Buy 圖案）
- 只能自住，不能出租 / 轉售（除非已還清政府貸款）
- 承造最少 25% 按揭

區域	樓價上限
North East（如 Newcastle、Sunderland）	£ 186,100
North West（如 Manchester、Liverpool）	£ 224,400
Yorkshire and The Humber（如 York、Leeds、Sheffield）	£ 228,100
East Midlands（如 Leicester、Derby、Nottingham）	£ 261,900
West Midlands（如 Birmingham）	£ 255,600
East of England（如 Norwich、Ipswich、Cambridge）	£ 407,400
London	£ 600,000
South East（如 Brighton and Hove、Oxford、Portsmouth、Southampton）	£ 437,600
South West（如 Bristol、Cornwall、Dorset）	£ 349,000

還款

- 最遲 25 年後還清，不需每月固定還款
- 可選擇一次性還清所有貸款，或階梯還款（Staircasing）。階梯還款的話每次至少要償還 10%，而且要以當時房價市值計算（需要專業機構為房價估值）。若果購買時樓價為 £500,000，還款時升至 £550,000，每次 10% 還款額則需以 £550,000 計算，即 £55,000 而不是 £50,000
- 首五年免利息，第六年開始以 1.75% 開始計算利息，之後每年息率也會按照物價指數 (RPI)+2% 上調

2. 蘇格蘭

限制

- 援助提供予首次置業買家或換樓人士
- 只適用於新落成的樓盤，目前樓價上限為 £200,000（發展商通常會有清單分開列明適用於 Help to Buy 計劃的樓盤單位號碼，網上樓盤廣告則會印有 Help to Buy 圖案），發展商名單可參考 https://www.mygov.scot/help-to-buy/registered-builders/
- 只能自住，不能出租 / 轉售（除非已還清政府貸款）

還款

可選擇一次性還清所有貸款，或階梯還款（Staircasing）。階梯還款的話每次至少要償還 5%，而且要以當時房價市值計算（需要專業機構為房價估值）。若果購買時樓價為 £150,000，還款時升至 £170,000，5% 還款額則需以 £170,000 計算，即 £8,500 而不是 £7,500。

3. 威爾斯

限制

- 援助提供予首次置業買家或換樓人士
- 只適用於新落成的樓盤，目前樓價上限為 £250,000（發展商通常會有清單分開列明適用於 Help to Buy 計劃的樓盤單位號碼，網上樓盤廣告則會印有 Help to Buy 圖案）
- 只能自住，不能出租／轉售（除非已還清政府貸款）

還款

- 最遲 25 年後還清，不需每月固定還款
- 可選擇一次性還清所有貸款，或階梯還款（Staircasing）。階梯還款的話每次至少要償還 5%，而且要以當時房價市值計算（需要專業機構為房價估值）。若果購買時樓價為 £200,000，還款時升至 £250,000，每次 5% 還款額則需以 £250,000 計算，即 £12,500 而不是 £10,000。
- 首五年免利息，第六年開始以 1.75% 開始計算利息，之後每年息率也會按照物價指數 (RPI)+2% 上調

經驗分享

雖然在政府的協助下，你只需要付 5% 首期便可置業，但要留意新樓盤通常會把售價標高，尤其是適用於 Help to Buy 計劃的單位。另外，由於在英格蘭和威爾斯第六年開始需要為貸款付上利息，如果想避免越來越高息的情況，你可以把貸款轉按 (reMortgage) 到按揭機構，當然成功與否要看收入而定。

xii. 只買部份業權助置業
Shared Ownership 介紹

Shared Ownership 是政府的置業援助政策之一，目的是幫助不夠現金作首期，或按揭借款不足的首次置業買家「上車」，跟 Help to buy 貸款計劃類似，能大幅減少買樓所需的首期金額。

· 政策對象不限英國公民，擁有簽證合法居留人士均可申請
· 只適用於英格蘭地區（蘇格蘭、威爾斯及北愛爾蘭亦有類似政策）

政策內容

· 顧名思義，合資格買家可以購買樓宇的一部分業權 (25%-75%)，其餘業權則為發展商 (Housing Association) 所有，需要向其支付租金

· 55 歲以上長者可申請 Older People's Shared Ownership，主要分別為購買至 75% 業權後無需再交租予發展商

例子：

· 單位原價為 £415,000，買家可以付 £207,500 購買 50% 業權，另外，再向發展商租住餘下 50%

· 每月支出大約為按揭 £800 及租金 £700

（樓價及按揭各有不同，所以僅供參考）

· 買家可以在日後逐步向發展商買回其餘業權，名為 Staircasing：

- 須於入住後一至兩年後才可開始購買，所以最好在之前計劃好

- 發展商會找測量師作即時估價，不以當初買入價計算，每次估價費用為 £200 - £500 不等，並由買家支付，但估價後不一定需要購買

例子：

單位原價為 £400,000，數年後測量師估價為 £450,000，購買 10% 業權則為 £45,000(=10% x £450,000)

· 發展商因應政府推動，會預留部份新建樓宇單位只供 Shared Ownership 買家購買。因此 Shared Ownership 樓宇單位必定會是 Leasehold

· 亦可購買二手市場的 Shared Ownership 樓宇單位，即賣家在當初以 Shared Ownership 方式買入

申請資格

- 家庭入息上限為一年 £80,000（倫敦以外地區）/ £90,000（倫敦）
- 首次置業買家、曾經擁有但現時沒有物業、現有 Shared Ownership 計劃下的業主打算換樓
- 一般同區居民或區內特定有需要人士有優先權
- 要按揭也需符合按揭要求

按揭

- 此計劃下可選擇借貸的按揭機構選擇較少，一般為大型銀行
- 跟普通按揭一樣，有入息和信用記錄等要求
- 入息有上下限要求，即入息過高或過低也不可使用此計劃

日後轉售

- 不足 100% 業權，須先經發展商考慮是否自行回購或代為尋找合資格買家購買
- 有 100% 業權則可自行在市場放售

申請方法

可以到官方網站找各分區的網站中尋找可供購買的 Shared Ownership 的物業，倫敦的物業亦可在市政府網站尋找，或向相關的地產代理查詢詳情。

Help to buy 官網：

https://www.helptobuy.gov.uk/equity-loan/find-helptobuy-agent/

倫敦市政府網站：

https://www.london.gov.uk/what-we-do/housing-and-land/homes-londoners/search/

xiii.5% 首期不只限新樓
　　新計劃政府擔保可借足 95%

即日起至 2022 年 12 月 31 日，英國國民可以在政府擔保之下向參與計劃的按揭機構，借最多 95% 貸款價值比率 (Loan To Value ratio / LTV)，讓未有足夠儲蓄作為首期的家庭亦可以借按揭，支援年輕一代買樓上車或換樓。

雖然政府現時已經有 Help to Buy 及 Shared Ownership 等幫助上車計劃，但限制很多，比如前者只限在計劃內的新建物業，後者亦只限計劃內的新建或轉售物業，選擇較少而且樓價較高。今次的新計劃則無此限制，更有效幫助到國民置業上車，而且不限首次置業買家，現任業主加按、轉按揭或換樓皆可以受惠！

其實早前按揭市場上也有高貸款價值比率 (95%) 的按揭可供選擇，但自從 2020 年疫情下經濟大受影響，借貸人還款能力減低，按揭機構隨即收緊按揭放款，高貸款價值比率按揭產品也很難再找到，導致很多準買家置業夢碎，亦令 Help to Buy 及 Shared Ownership 的業主無法借到足夠按揭以贖回其餘部份。故此政府決定出手推出此按揭保證計劃，鼓勵按揭機構借高貸款價值比率按揭予有信用及有還款能力的準買家。

參與按揭計劃條件

· 只限自住按揭（即不適用於 Second Homes 或出租）
· 借款人為個人或多人，即不適用於公司
· 價值 £600,000 或以下的英國境內物業
· 貸款價值比率為 91 至 95%
· 按揭申請期（及完成物業交易日）為 2021 年 4 月起至 2022 年 12 月 31 日，計劃屬短期措施，完結前會再檢討是否延期
· 按揭必須分期還本 (Repayment Mortgage)，不可只還利息 (Interest-only)
· 通過按揭機構測試以證明有足夠還款能力，比如借款和收入比例、信用評分

不少銀行和按揭機構也有參與此按揭保證計劃，而不同銀行的按揭申請條件都有些分別，比如有些只限英國及歐盟國民，詳情請向按揭機構查詢，亦可使用網上比較平台（如 MoneySuperMarket）、按揭 broker 或代理找出自己合乎條件的按揭並比較利率和收費。

IV. 其他「選宅」事宜

i. 習慣城市生活的方便
　 區內配套必須留意

在任何國家一樣需要考慮的各種房屋因素，這裡不會多提，只特別提一下英國或倫敦相關的注意事項。

1. 交通

首先要考慮房屋是否在車站的步行範圍內，一般 15 分鐘內也算是步行範圍，不過也看個人接受程度。

考慮公共交通配套時，必須考慮實際等候時間和高峰時間交通繁忙程度。如某些巴士、火車或鐵路的班次未必很頻密，而且未必全都能載你到目的地，可能等幾班車才有一班車是你要坐的，火車亦可能有分直達市區的快車和較慢停站較多的慢車。再者你身處的地方或轉車站可能位於主要路段或特別繁忙，要等好幾班才能上車。因此，交通的時間必須把等候時間也考慮在內。

還有，偶會發生的訊號故障或事故，也會造成交通延誤。所以建議選擇有多於一種交通路線的地方，比如鄰近有多條列車線或交匯點，讓你在某路線交通嚴重延誤甚至罷工或封站時，也有其他選擇。

如果打算買車，需要留意住屋有否提供泊車位，或附近有否足夠住戶街泊位 (Resident Parking)。另外，也需要考慮當區的車輛保險費用，因為地區治安差的話保險費用會相當高，尤其是過夜停泊在街道上而非有閘門的停車場內。可以到 Confused.com 輸入你的資料和不同 Postcode，取得車輛保險報價作比較。

2. 餐廳、店舖、休閒

根據你的生活習慣而定，比如習慣外出用餐、購買自取外賣、經常要購買日用品和食材、需要到大型超市或華人超市購買較偏門貨品、讓小朋友玩耍和野餐的公園（英國人非常注重的）、健身或美容院等，用 Google Map 查看一下附近區域的配套能否滿足你的需要。

3. 校網

如有或計劃有小朋友，居住地方的實際位置絕對會是一大考慮因素，因為小學是以居住地址與學校大門的直線距離作為入學準則之一。
Catchment Area 是以學校大門為中心的圓形範圍，如果住屋位於好學校的 Catchment Area 內，樓價自然會因需求大而較昂貴。每年都會有數據顯示入讀該校的學生居住在距離學校多遠，可以在 GOV.UK 或 locrating 網站輸入 Postcode，查看房屋附近的學校和評級。

4. 人口分佈

在 GOV.UK 可以看到不同城市和地區的人種人口分佈，另外，在 GOV.UK 也可以更仔細的看到華人在英國各區的人口分佈。

5. 治安

在 met.police.uk 或 UKCrimeStats 可以查看各區的犯罪率，前者按 Borough 及 Neighbourhood 以地圖和圖表表示，而後者可以更詳細數據，建議按 Postcode Sectors 和 Postcode Districts 去看可以更仔細查明小區的犯罪率數據。

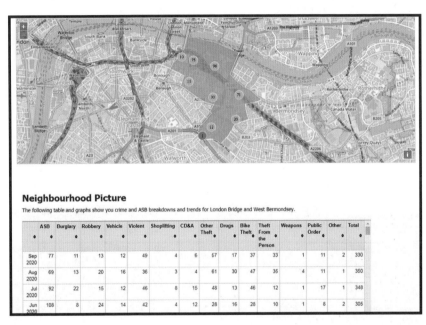

Neighbourhood Picture

The following table and graphs show you crime and ASB breakdowns and trends for London Bridge and West Bermondsey.

	ASB	Burglary	Robbery	Vehicle	Violent	Shoplifting	CD&A	Other Theft	Drugs	Bike Theft	Theft From the Person	Weapons	Public Order	Other	Total
Sep 2020	77	11	13	12	49	4	6	57	17	37	33	1	11	2	330
Aug 2020	69	13	20	16	36	3	4	61	30	47	35	4	11	1	350
Jul 2020	92	22	15	12	46	8	15	48	13	46	12	1	17	1	348
Jun 2020	108	8	24	14	42	4	12	28	16	28	10	1	8	2	305

UKCrimeStats 各區罪案統計

多元匱乏指數 (Indices of Multiple Deprivation, IMD)

多元匱乏指數參考各區的七項指標並按照比重（下列百份比）綜合而成，包括：

· 收入匱乏 (Income Deprivation)：22.5%
· 就業匱乏 (Employment Deprivation)：22.5%
· 教育匱乏 (Education, Skills and Training Deprivation)：13.5%
· 健康匱乏 (Health Deprivation and Disability)：13.5%
· 罪案 (Crime)：9.3%
· 房屋及使用服務難度 (Barriers to Housing and Services)：9.3%
· 生活環境匱乏 (Living Environment Deprivation)：9.3%

可以用這個由網友製作的 IMD 地圖，用顏色（紅色最差，綠色最好）在地圖上清楚顯示最新的多元匱乏指數，簡單地讓你看到各區的好壞分佈，絕對是能幫你看清一區好壞及選擇應否搬進去的一個好工具。

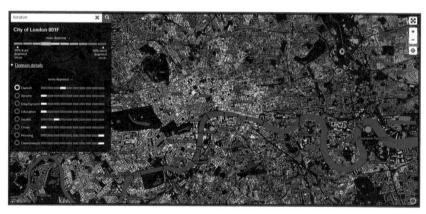

https://fryford.github.io/imdmap/

ii. 座向、樓層、結構事事睇真啲

座向

在香港或亞洲多數地區人們一般會喜歡住面向南或東南方的樓房,避免冬天的強勁北風吹入和夏天的猛烈太陽西斜直照入屋。但英國的天氣不同,炎熱和暖的日子較少,大多數日子都比較冷,所以人們更傾向選擇面向西方的樓房,讓太陽有更多時間照射到屋內。盡量找有不同方向窗戶的樓房,在少數天氣較熱的日子,因為沒有室內空調,有好的空氣對流會令室內氣溫降低不少。

樓層

建議避免住在地面 (Ground Floor) 或近地面 1 樓的 Flat,原因和住 House 一樣,被爆竊風險較高,也較多蒼蠅、蚊子、蜘蛛等昆蟲會走到屋內,此外,如果位置近街,空氣污染和人車噪音影響也較大。

隔溫設計

由於英國天氣一般較冷，房屋隔溫是非常重要，隔溫差的話較多時間需要使用暖氣保溫，電力或天然氣開支會高很多。

·牆身

House 一般是由單層磚牆組成，如沒特別處理，隔溫效果較差，室內的牆也會感到室外的溫度。Flat 的牆和天花大多有雙層中空設計，隔溫效果較好。另外，Flat 的上下左右大多都有其他單位，更有效阻隔室外低溫，而且別人如正在使用暖爐也能幫忙抵抗低溫。

·窗戶

最好有雙層玻璃設計 (Double Glazed Windows) 才能有效隔溫，一般較新的 Flat 和 House 都會有這種設計，在房地產搜尋網站內一般也會顯示。

·暖氣

分天然氣和電力發熱，分別不大。部份較新建成或最近重新裝修的樓房會使用地板下暖管 (Underfloor Heating) 設計，比傳統式的掛牆式暖爐保暖範圍更大更有效，但也因此用上更多能源。

隔音設計

英國的牆身物料一般隔音能力相對較低,需要特別注意。

·牆身

上面提到以隔溫為優先的原故,英國 Flat 的牆一般有雙層中空設計而不是實心混凝土牆,而用的大多是薄身 (9.5mm 或 12.5mm 厚) 的石膏板 (plasterboard),隔音效果一般,有些較好有些較差,建議實地測試一下隔音效能。

·窗戶

雙層玻璃設計不只是隔溫,也可以有隔音作用。

iii. 電費開支、寬頻速度
如何影響「選宅」？

電費比其他人高的終極原因

每間房屋都會有一張能源效率證書 Energy Performance Certificate(EPC)，入面的 Energy Efficiency Rating 就是節能分數。它代表該房子的能源效率高低，也就直接影響電費、天然氣費的多少。節能分數分為最高的 A 級到最低的 G 級，等級越高代表房屋的能源效率越高，能源開支也就越低。一般較新樓房的節能分數會比舊的高，但也有例外。房子的結構例如隔溫效果也會直接影響節能分數。請留意由 2020 年 4 月 1 日起政府規定禁止出租節能分數低於 E 級的房屋。

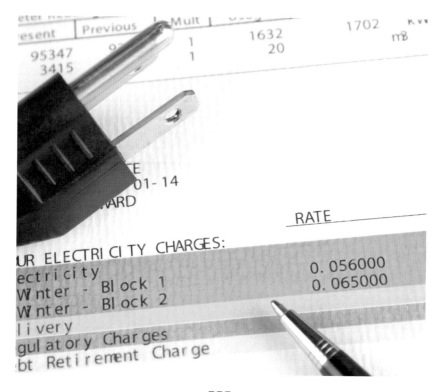

Energy Efficiency Rating

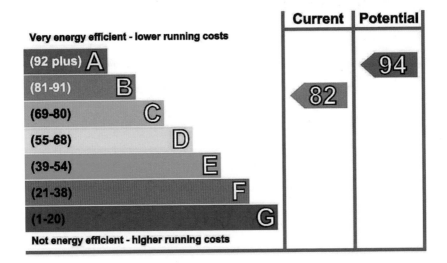

	Current	Potential
		94
	82	

Very energy efficient - lower running costs

(92 plus) A
(81-91) B
(69-80) C
(55-68) D
(39-54) E
(21-38) F
(1-20) G

Not energy efficient - higher running costs

住所選擇決定你的寬頻速度

寬頻速度不只跟網絡供應商有關,也跟地區甚至屋苑有關。因為每區會共用某些網絡線路建設,直接影響寬頻速度上限。另外,現在最高速的光纖寬頻 (Fibre Broadband) 並未覆蓋所有區域,即使當區有覆蓋也未必有鋪設到你的房屋。所以最好預先使用 https://www.uswitch.com 輸入 Postcode 查看房屋的寬頻速度上限和哪些網絡供應商有提供服務,也可一併比較不同供應商和計劃的價錢。

iv. 什麼是 Council？
我需要付 Council Tax 嗎？

英國各區分由各區政府負責管理，包括住屋、廢物收集、教育、圖書館、公共交通等等，不同區政府擁有的資源多少和較關心的範疇有別，可以在 GOV.UK 輸入 Postcode 查看房屋所屬的區政府。

各區政府會向區內居民徵收市政稅作為收入，金額根據房屋價值級別 (Band) 而定，再按照各區政府訂立的稅制 (Council Tax Levels) 計算，不同區、不同新舊、不同大小的樓房的稅額不一，因此也是房屋考慮因素之一。可以在 GOV.UK 輸入 Postcode 查看房屋的市政稅級別，以及在區政府網頁找最新的市政稅收費 (Council Tax Charges)。

順帶一提，未成年人士和成年全職學生不需要交市政稅，而獨居人士（即居住在同一地址唯一成年人，可以有其他未成年人士和成年全職學生同住）可申請市政稅七五折優惠 (25% off Discount)。

V. 家居日常

i. 電力供應商也可以選擇？各類家居服務供應介紹

除非房東或地產代理負責付你的水／電／氣／網帳單，否則你需要自己處理。大多情況下住宅都有水／電／氣供應，起租日(未必是你遷入日期)要立即抄下各錶上的讀數，詢問房東或地產代理現時供應商資料，並聯絡各供應商你將遷入和報上讀數。各水／電／氣供應商會跟你建立短期合約，價錢一般較高，建議儘快轉換其他供應商，或選用相同供應商的較優惠計劃。寬頻網絡方面建議在入住前自己選好供應商並且到其網站登記，否則入住後會有一段時間沒有寬頻網絡，非常不便。

UK 英適生活

選擇供應商

在英國，不單網絡供應，連電力和天然氣供應也可以自由選擇不同的供應商。英國有以下幾個供應商比較平台可以使用，如 Uswitch、Compare the Market、MoneySuperMarket、GoCompare 等，先選要查看的服務類別，再輸入 Postcode，便可以查看所有在當區有提供服務的供應商和不同的服務計劃。建議按照價錢、服務質素、客戶服務及支援等各方面去選擇適合自己的供應商。

1. 能源供應

英國有傳統的六大能源供應商 (The Big Six Energy Companies)，包括 British Gas、EDF Energy、E.ON UK、npower、Scottish Power 和 SSE，合共提供大約七成家居電力和天然氣。還有另外一些較小較新的能源供應商可供選擇，一般價格較低。要留意不同的電力和天然氣供應商共用相同的電網和天然氣管道，所以提供的電力和天然氣是相同的。

經驗分享

可能大家會忽視客戶服務及支援，現時很多電力供應商會推出無電話熱線支援的服務計劃，費用會稍為便宜，但只能得到網上支援，如遇上緊急情況（如停電）可能會很無助。另外，某幾間大型電力供應商有提供智能電錶 (Smart Meter)，一來不用人手抄錶，二來有你的電力使用數據在網上可供查看，作者試過因為熱水爐故障而要多付幾倍電費，但幸好有智能電錶的數據，及早發現用電量突然提高幾倍，也能從數據中的用電時間推斷出有問題電器。即使後來供應商加電費了，也打消了轉用另一間無智能電錶電力供應商的念頭。

2. 寬頻網絡供應

英國寬頻網絡方面,有在家居電訊和電視廣播界出名的 Sky 和 BT,也有流動網絡商的 EE、Vodafone、TalkTalk 等,還有新冒起的光纖寬頻網絡商的 Hyperoptic。

和能源供應不一樣,不同網絡供應商有機會有顯著的分別,特別是使用光纖與否、供應商路由器 (Router) 級數高低和有否自家線路等。

經驗分享

習慣高速寬頻的你,在英國用普通寬頻的話應該會難以忍受龜速上網,尤其是經常在網上串流看劇集電影或玩網上遊戲等高用量用家,建議選用最高速的光纖寬頻 (Fibre Broadband),有多間供應商都有此服務,但不是所有地方都已鋪設光纖,可以使用 https://www.uswitch.com 輸入 Postcode 查看。作者之前也因為沒光纖覆蓋而被迫使用龜速寬頻,後來聯同其他鄰居一起爭取 Hyperoptic 到大廈來鋪設光纖,等了幾個月後便終於可以享受高速寬頻的快感!

3. 食水供應

另外,食水和污水處理方面,每區是有特定的服務供應商,不能轉換,可以在 Water UK 網站輸入 Postcode 查看。

ii. 免費電視不是免費？看串流電視節目 也要付 TV Licence ？

在英國觀看直播電視節目需要付電視授權費。

只看網上串流需要付費嗎？

· 需要電視授權觀看直播電視節目包括大氣廣播和網上串流平台，串 流平台包括 BBC iPlayer, ITV Hub, All 4, YouTube, Amazon Prime Video, Now TV, Sky Go, Virgin Media, BT TV, Apple TV 等

· 包括用任何裝置（包括電視、電腦、手機、平板電腦等）去觀看或錄 影直播節目

只看海外電視直播需要付費嗎？

需要電視授權觀看直播電視包括英國國內及國外所有電視頻道，包括大 氣廣播、衛星電視及網上串流

只看非直播電視需要付費嗎？

· 只有觀看或下載英國廣播公司(BBC)的非直播電視節目需要電視授權，
  包括追看 (Catch up) 和自選服務 (On Demand)
· 只觀看其他電視台網上串流的非直播電視節目便無需付電視授權費

費用

電視授權費用為一年£159，需要自己主動上 TV licensing 付款，可以
一筆過或分期付款。75 歲或以上人士免費，失明人士獲半價寬免。

已訂閱收費電視？

即使你有訂閱觀看收費電視 (如 Sky TV)，也需要另外付電視授權費。

同住的人已付費？

一般而言一個住宅單位內只需一個電視授權，除非你的房間有獨立租
約，便需要獨自取得電視授權。

違規後果

按以上規定，如你需要但沒有取得電視授權，職員會上門檢查，一旦查
明屬實會被檢控，最高罰款£1,000 及可能要支付相關律師費和賠償金。

iii. 如何找家居維修技工？
實用網站推介

家居不時有各樣大小事需要技術人員來處理，在英國一般統稱這類技工為 Handyman 或 Tradesman，也可再細分為水管工 (Plumber)、電工 (Electrician)、鎖匠 (Locksmith)、建築 / 裝修工 (Builder) 等。租客一般可以找房東或地產代理，處理屬於房東負責的維護物件，例如維修熱水爐、解決漏水或水管淤塞等。但租客有遇到需要自己負責解決的問題，比如是組裝傢俬、維修自己添置的電器、房東會要求租客處理後實報實銷或自行解決，便需要自己找維修技工幫忙。

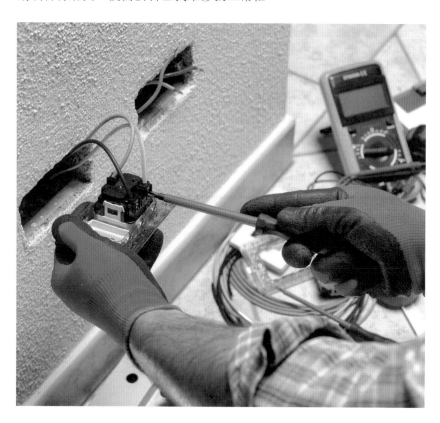

水浸、斷電等超緊急情況，應該找水電供應商或物業管理 (Management Company) 的緊急熱線救助。其他緊急情況，可以找區內能短時間來到的維修技工，一般緊急服務都會比較貴。如不是緊急，在網上有不少公司和平台可以選擇，例如，Fantastic Handyman 可以找到該公司旗下各類所需的技工和相應的報價。myBuilder 和 TaskRabbit 則是讓你貼出你所需要完成的家居工程，然後配對有興趣技工的平台，優勝之處是可以比較不同的報價和按其他客人給予的評級來選擇。

經驗分享

作者試過用 myBuilder 來找裝修技工，發現你要求報價的高評分並且評論數量多的技工都已經忙，有很多工作排滿日程，而看到你的廣告後有興趣找上門大多是評份不高或很少評論，感覺找他們，中伏機會很高。因此建議找一些高評分而評論數量也不多不少（約十多個以上）的去要求報價，成功得到報價的機會較高。小工程的可以拍照和文字或電話交待細節，大工程對方會要求登門視察後才報價，各公司也有不同計算方法，注意要先問清楚材料費用和各項雜費是否已經包括在報價內，找大約三間公司比較後才選擇會更理想。

iv. 在英國容易脱髮主因是硬水？解決辦法一覽

在英國大部份地方也有硬水 (Hard Water) 問題，尤其是東部和南部特別嚴重，可以按此前往 GOV.UK 的地圖裡看到各地的食水硬度級數和分佈，也可以在 Kinetico 輸入 Postcode 查看。

硬水是什麼？

硬水就是含較高濃度礦物質的食水，特別是鈣 (Calcium) 和鎂 (Magnesium) 的礦物質。主要跟供水來源經過的岩石種類不同而沖刷走礦物質多少有關。

硬水對我有什麼影響？

硬水中的礦物質經過沉澱後會產生水垢 (Limescale/Scale)，會為生活帶來各種的麻煩和影響：

· 熱水爐、熱水煲等電器會因為底部積聚的水垢而影響效能或導致故障
· 在浴室和廚房的牆、玻璃、洗手盤等有水接觸的表面也會有白色或啡黃色的水垢需要經常清理
· 水垢也會在洗頭後積聚在頭皮令毛囊阻塞，影響頭髮健康，甚至導致脫髮
· 另外，硬水的起泡能力較低，需要使用較多的洗衣粉、洗手液、沐浴露和牙膏才能產生相同的清潔效能

解決辦法

1. 清除水垢

市面上有不同的產品去清除水垢 (Descale)，原理是用酸性液體去溶解水垢，是在形成水垢後的處理方法。包括：

· 清潔用的噴劑
· 溶掉水垢的液體或沖劑
· 也可以用白醋、檸檬汁等代替

2. 濾水器

濾水器也可以減少水中的礦物質，還可減少水中異味和金屬，最有名的是 Brita，多數家庭都會使用每月替換濾芯（一個約 £4-5）的濾水壺。但濾水不能完全除去硬水中的礦物質，而且只用濾水壺的話也不能解決飲用水以外的水垢問題。

3. 軟水機

軟水機 (Water Softener) 是徹底一點的解決辦法，如 Kinetico 和 Harvey 都有提供這服務，原理是在家居供水源頭用鈉鹽 (Sodium Salt) 中的鈉去換走硬水中的鈣和鎂，需要每月換入新鹽塊（二人家庭一個月約 £5-6）。

軟水機的優缺點

硬水對生活的影響真的不小，影響頭髮健康方面更不是勤力清潔水垢就能解決。所以建議安裝軟水機，可以一次過解決以上問題，熱水煲、浴室和廚房不再有水垢要清理，洗衣粉和各清潔用品用量也減少了，頭髮健康亦大大改善。

但軟水機成本較高，安裝和器材費共約 £1,600，也需要放置像舊式電腦主機般大小的機器和連接供水管道，雖然也可以搬出時帶走機器和還原管道，但租住的話房東未必容許。而且軟水比較滑，感覺像沐浴露沒有完全洗掉一樣，長者要特別小心較容易滑倒。另外，硬水中的礦物質（鈣和鎂）較替換後的鈉對身體更有益。建議自己衡量後再作決定。

v. 各大超市、家品店大格價

各大超市、日用品店介紹

不少超市品牌會有不同大小的門市店舖，當然舖面越大，售賣貨物種類就越齊全，但小型的一般會是便利店類型 (如 Tesco Express)，營業時間較長 (每日晚上 11 時關門 vs 大超市晚上 9/10 時關門、星期日下午 5 時關門)，分店較多，價格亦相對大超市稍高，也較少特價優惠。以下是一些在英國連鎖超市及藥妝店供大家參考 (價錢：低 = £ 中 = £ £ 高 = £ £ £)：

UK 英適生活

店名	價錢
Asda	£
Iceland	£
Aldi	£
Lidl	£
Poundland（£1 日用品店）	£
Wilko（日用品店）	£
Tesco	£ - £ £
Sainsbury's	£ - £ £
Morrisons	£ - £ £
Boots（藥妝店）	£ - £ £
Superdrugs（藥妝店）	£ - £ £
Co-op	£ £
Waitrose	£ £ - £ £ £
Ocado（無實體店的網上超市）	£ £ - £ £ £
Marks & Spencer	£ £ - £ £ £
Selfridges（位於百貨公司內）	£ £ £

傢俬、電器及家居用品連鎖品牌介紹

英國的租售住宅一般都會提供基本廚櫃和電器,如煮食爐、焗爐、冰箱、洗衣機等,租住的房東也會提供床褥連床架、餐桌和椅子、電視、沙發等,所以不需自行添置太多傢俬或電器。如有需要,以下是一些在英國售賣傢俬、電器或家居用品的大型連鎖店供大家參考(價格:低 = £ 中 = ££ 高 = £££):

店名	傢俬	電器	家居用品	價格
Poundland			✓	£
IKEA	✓	✓	✓	£ - ££
Robert Dyas	✓	✓	✓	£ - ££
The Range	✓	✓	✓	£ - ££
Argos	✓	✓	✓	£ - ££
Wilko	✓		✓	£ - ££
Home Bargains	✓		✓	£ - ££
Wickes	✓	✓		£ - ££
B&Q	✓			£ - ££
Currys		✓		£ - ££
ao.com		✓		£ - ££
Homesense	✓		✓	£ - £££
Wayfair	✓	✓	✓	£ - £££
Dunelm	✓	✓	✓	££
Debenhams	✓	✓	✓	££
Habitat	✓			££ - £££
MADE.com	✓		✓	££ - £££
Oak Furnitureland	✓			££ - £££
Marks & Spencer	✓	✓	✓	££ - £££
John Lewis	✓	✓	✓	££ - £££
Cotswold Co.	✓			£££
Selfridges	✓	✓	✓	£££
Harrods	✓	✓	✓	£££

經驗分享

有些傢俬店（如 Wayfair）會代售不同小品牌的傢俬，你把傢俬
照片的 URL 抄下或下載圖片後，在 Google Image 上以圖搜圖，
可能可以找到售價更低的其他銷售點，比如 ebay、Amazon、小
店的自家網站等，不妨一試。

vi. 冬令與夏令時間

英國的緯度比較高，所以當夏天來臨時（夏至）日照時間可以長達十六個小時，反之，在冬天來臨時（冬至）日照時間只有不足七小時。於是百多年前人們開始提議夏天時把時間撥快一小時，這樣便可以減少晚上開電燈的時間，而且放工後更可以享受多一小時的日光。

具體程序如下：
- 每年三月最後一個星期日會轉至英國夏令時間（BST），當到達凌晨 01:00 時，時間將會調快一小時至凌晨 02:00，比香港／台灣時間慢七小時。
- 下一次將為 2023 年 3 月 26 日

- 每年十月最後一個星期日會轉至冬令時間，即格林威治標準時間（GMT），當到達凌晨 02:00 時，時間將會調回一小時前至凌晨 01:00，比香港／台灣時間慢八小時。
- 下一次將為 2022 年 10 月 30 日

所以當到達以上日子時，請大家要記得調較撥針手表、時鐘上的時間。而現時基本上大部分電子產品（例如電子手表、電子時鐘、電腦、手提電話、電視等）已經內置時間自動轉換功能所以不用擔心，但好像焗爐或微波爐上的時鐘就多數仍需要手動調較。

vii. 合法看直播球賽必需品：收費電視

英國除了大氣廣播中的「免費」（其實要付電視授權費）電視外，當然還有收費電視（亦一樣要另外付電視授權費）可以選擇。雖然現在網上不同的串流平台，如 YouTube、Netflix、Amazon Prime Video、Apple TV 等都漸漸取代收費電視的角色，如電影台、紀錄片台、劇集台等等。但有一類節目仍然為他們保住客戶訂閱的，無錯，就是萬眾球迷追看的足球直播為首的各類運動直播！

Sky TV

作為英國收費電視龍頭的 Sky 電視台，一共有數百個電視頻道，包括不少自己製作的節目和頻道。

跟香港的收費電視一樣，按照你的喜好購買需要的服務計劃（bundle / package），包括 Discovery 及 National Geographic 等三百多個頻道的 Sky TV、包括英超及一級方程式賽車等直播體育頻道的 Sky Sports、電影頻道的 Sky Cinema、兒童節目的 Sky Kids TV 及 Disney+ 等等。

亦有些頻道並不包括在月費計劃中，會另外收費，比如觀看西甲球賽直播的 La LaLiga TV、歐聯直播的 BT Sports 等。

BT TV

作為想搶佔收費電視市場的 BT 電視台，早幾年巨額簽下歐聯和歐霸球賽直播轉播權便可見其決心。但除了數個直播足球的體育頻道 BT Sports 外，並沒有自行製作節目和頻道。BT TV 有跟 Sky TV 合作，轉播 Sky TV 旗下的部份自製及外購頻道。收費方式和 Sky TV 類似但組合選擇較少。

其他寬頻電視

不少寬頻網絡供應商都紛紛加入電視市場，包括 EE、NOW TV、Plusnet、TalkTalk、Virgin Media、Vodafone 等，基本上就是跟 Sky TV 及 BT TV 合作，完全沒有自己的頻道，但以較低價格及跟自家寬頻計劃一起捆綁購買的優惠，來吸引消費者購買。

直播球賽

球迷最關心的必定是哪個台能看哪些足球比賽直播：

Sky Sports	BT Sports	其他頻道
英超（128場）、聯賽盃（Carabao Cup）、英冠、英甲、英乙（EFL）、歐國聯（UEFA Nations League）、蘇超及美職聯	歐聯、歐霸、英超（52場）、足總盃（24場）、德甲、法甲	**Amazon Prime Video**：英超（20場） **BBC（免費）**：足總盃（16場）、歐國盃 **itv（免費）**：歐國盃 **Premier Sports**：西甲、意甲、荷甲

可見 BT Sports 獨家播放所有歐聯及歐霸賽事，英超則由 Skys Sports、BT Sports、Amazon Prime Video 三個頻道分配播放。換言之要看盡最受球迷歡迎的英超及歐聯，需要有齊以上三個頻道。

還有不同選擇？

有趣的是你可以在不同的電視台中付費觀看到其他台的直播，比如 Sky TV 中可以訂閱 BT Sports、LaLiga TV，在 BT TV 中可以訂閱 Sky Sports，在 Virgin Media 也可以訂閱 Sky Sports 及 BT Sports。所以不用因為要看某台的體育台而使用該台的機頂盒，可以根據價錢比較而作決定，除了傳統月費計劃外，像 NOW TV 更有按日收費的全日通行證（Day pass），適合只是偶然觀看比賽的觀眾。

不同供應商使用體驗會有些分別，比如 Sky TV 是用衛星訊號廣播，但 NOW TV 等新興寬頻電視則是以寬頻串流，串流比較衛星訊號會有延遲，尤其對直播有要求不希望給朋友劇透的話，要小心考慮。

你以為這樣就能看齊所有英超賽事直播了嗎？你看看上面列出三個頻道的英超直播場次，總和是比英超總場數 380 賽少了近一半，原因如下：

電視不准直播星期六下午三時開賽的球賽？

無錯，星期六下午三時正正是大部份英超、英冠、英甲等等聯賽及盃賽的開賽時間，全世界球迷都在看電視轉播，只有在英國的球迷卻不能合法地觀看，因為 60 年代時有球會擔心電視直播球賽會影響球場入座率以致球會收入減少，足總及聯賽同意並立例禁止在星期六 2:45pm 至 5:15pm 期間在英國境內的電視直播任何球賽。

因此即使你有齊 Skys Sports、BT Sports、Amazon Prime Video，也只能看齊星期六下午三時開賽以外的二百多場比賽，亦因此為什麼英超會有越來越多週六早場、晚場、週五及週日的場次了，其中一大原因便是為了合法地在英國直播更多比賽，賺取廣告及訂閱電視頻道收入。

viii. 在英國如何準備迎接冬天

踏入十月，除了太陽開始早下山，氣溫亦開始下降。英國的冬天比起香港寒冷得多，溫度大約 8-12 度；而英國冬天（約由十一月至三月）的平均溫度亦只得攝氏 4.4 度，每年更有平均 15.6 日會下雪（蘇格蘭更誇張，平均有 26.2 日），溫度會再下降。

轉季溫差大容易生病，香港人會選擇多穿幾件衣服，「著多好過著少」；雖然英國人早已習慣寒冬並不會穿特別多，但他們有另外兩件事去迎接冬天的來臨：

打流感針（Flu Jab / Flu Vaccine）

流感針在英國十分流行，對英國人來說基本上是九、十月時的指定動作。除了小部份人認為打流感針反而會更容易生病（NHS 已努力澄清並無此事）外，大部份人都會到 NHS 或其他藥房打針，有些較大型公司更會安排醫療團隊到公司為員工免費打針，作為其中一個員工福利呢。

在哪裡有流感針服務？

除了在一般 GP 和私人醫務所外，各大藥房如 Boots、Superdrug、Asda、Tesco、Lloyds Pharmacy 等等都有提供 Flu Jab 接種服務，只需要提早在網上預約，依時到達診所，約十分鐘內即完成。

費用

一般情況下 NHS 會提供免費 Flu Jab 予以下合資格人士

- 六十五歲及以上長者
- 孕婦
- 小學生及十一歲學童
- 長期病患者

如果你並不在以上範圍內亦不用擔心，一般 Flu Jab 的費用只需要 £10-£15，預約方法亦一樣。

註：即使你是範圍內人士可獲免費 Flu Jab，並不代表你只能到 GP 打針，以上提及其他藥房亦會為你提供免費服務。

吃維他命 D

維他命 D 有助身體對鈣、鎂和磷酸鹽的吸收，有助提升骨骼健康；而維他命 D 最主要來源來自陽光，難以從其他食物取得；可是英國的冬天日照嚴重不足，故英國政府建議民眾服用維他命 D 補充劑，以有效提升個人抵抗力，預防呼吸道傳染病如傷風感冒。

雖然有部份英國人並不相信這說法，但維他命丸在英國的售價實在太便宜（以其中一大連鎖保健品品牌 Holland & Barrett 為例，一瓶 100 粒維他命 D3 只售 £3.59，比起香港便宜數倍），故在冬天時仍會看見很多人購買。

各位冬天記得多休息，多做運動，在疫情期間好好保重，見字飲水。

倫敦全年平均氣溫

平均值	1 月	2 月	3 月	4 月	5 月	6 月
高	9℃	9℃	11℃	14℃	17℃	20℃
溫度	6℃	6℃	8℃	11℃	14℃	17℃
低	4℃	4℃	5℃	7℃	10℃	13℃

平均值	7 月	8 月	9 月	10 月	11 月	12 月
高	23℃	22℃	19℃	15℃	11℃	9℃
溫度	19℃	19℃	16℃	13℃	9℃	7℃
低	15℃	15℃	13℃	10℃	7℃	5℃

第四章
學在英國

I. 英國學制一覽

英國教育制度大致分為四部分，包括幼兒教育、小學教育、中學教育和高等教育。強制教育年齡為五歲至十六歲。雖然法例規定五歲才需要入讀小學 Year 1，但一般小孩四歲就會入學就讀小學學前班 (Reception)，好讓小孩及早適應校園生活，部分家長甚至會安排子女三歲或以前進行幼兒教育。

至於正式小學教育，就由 Year 1 開始至 Year 6 共六年，之後年滿十一歲便可升讀中學，由 Year 7 開始至 Year 11 共五年，在 Year 11 完結前，須完成會考 GCSE 以繼續升學或當職業學徒／見習生直至年滿十八歲，或於 Year 10 轉讀技術學校直到畢業。如選擇繼續升學則可在原校或預科學校 (Sixth Form College) 修讀兩年高考 A Level 課程，然後再憑 A Level 成績報讀大學。

1. 關鍵階段

學制會分為數個關鍵階段 (Key Stages 或 KS)，每個關鍵階段完結前都會有學業評核。

教育階段	年齡	級別 (Year)	關鍵階段 (Key Stage)	評核
幼兒教育	3-4		Early Years	
小學教育	4-5	Reception	Early Years	教師評核
	5-6	Year 1	KS1	英語發音檢查
	6-7	Year 2	KS1	SATs 測驗：閱讀、文法及數學
	7-8	Year 3	KS2	
	8-9	Year 4	KS2	
	9-10	Year 5	KS2	
	10-11	Year 6	KS2	SATs 測驗：閱讀、文法及數學
中學教育	11-12	Year 7	KS3	
	12-13	Year 8	KS3	
	13-14	Year 9	KS3	
	14-15	Year 10	KS4	小部分學生報考 GCSE
	15-16	Year 11	KS4	GCSE 或其他同等考試
	16-17	Year 12	KS5	
	17-18	Year 13	KS5	A Level 或其他同等考試如 IB

SATs 測驗內容

上表列出根據學制，幾乎在每個關鍵階段 (Key Stage) 完結時學生需要參與 Standard Attainment Tests (SATs)。

公立學校必須在測驗後 (除了 KS1) 向有關當局上報學生成績，而私立學校則可選擇不上報成績。而各階段測驗內容分別為：

‧KS1：閱讀、文法及數學
‧KS2：閱讀、文法及數學
‧KS4(GCSE)：英文、數學、科學、設計、電腦、藝術及地理等等，自由選擇；而部分成績由課堂表現及個人報告評核

2. 學校類型

學校大致上分公立和私立兩種，持有任何長期居留簽證（例如家屬簽證）或居留權，而年齡介乎五至十六歲的兒童，均有資格入讀公立學校 (State School)，公立學校學費全免，收生通常以住址和學校距離作標準。

公立學校

‧ Community School 或 Local Authority Maintained School －地區部門營運，無宗教或商業團體背景，按國家課程大綱教學

‧ Faith School －有宗教背景，按國家課程大綱教學，收生除了根據住址距離外亦可根據學生宗教背景作標準

‧ Foundation School 或 Voluntary School －地區部門資助，部分有宗教背景，可以不按照國家課程大綱教學

‧ Academy 或 Free School －政府直接資助而由非牟利教育託管機構營運，其特點是不受地區部門規管，可以不按照國家課程大綱教學

‧ Grammar School －地區部門、非牟利教育託管機構或基金會營運，現時全英格蘭僅餘 163 間，由於會根據學業成績而取錄學生，因此普遍來說學校會較有質素，Year 6 學生需要參加 11 Plus 考試以報讀這類學校

私立學校
(Public School、Private School 或 Independent School)
· 會向學生收取學費來營運，可以不按照國家課程大綱教學

為何 Public School 是收費私立學校？

在英格蘭和威爾斯的 Public School，最初是為年齡較大的男童而設，由於是不分居住地區、宗教信仰、父親職業而對所有學生開放，故此稱之為 Public School。該術語由 1868 年 Public Schools Act 正式制定。為人熟悉的哈羅公學 (Harrow School) 和伊頓公學 (Eton College) 正是其中之二。

你可以按照所屬地區，透過以下政府網頁尋找和比較學校詳細資料，亦可以看到英國教育標準局 (Ofsted) 對學校作出的評級和報告：

英格蘭 https://www.gov.uk/School-performance-tables
北愛爾蘭 http://apps.education-ni.gov.uk/appinstitutes/default.aspx
蘇格蘭 https://www2.gov.scot/Topics/Statistics/Browse/School-Education
威爾斯 https://mylocalSchool.gov.wales/

II. 未滿一歲也可開始上幼兒園：幼兒教育(0至3歲)介紹

英國法例規定年滿五歲的兒童必須入讀全日制學校，一般是小學 Year 1。而四歲可以選擇入讀小學 Year 0 Reception Class（大概等於香港的幼稚園高班 K3），所以接下來會介紹入讀小學之前三歲或以下的幼兒教育。

英國人相當重視學前教育，因為他們認為這個階段的學習對於孩子們成長有長遠影響，但他們重視的地方和香港人所關注的有很大分別：

· 提倡幼兒盡早接觸到社會，趁年幼時開始適應家庭以外的社交圈子
· 希望小朋友通過遊玩從而學習社交技巧及情緒管理，從小培養他們大膽跟別人交流，言行舉止也要得體
· 鼓勵學童有獨立批判思考、有個性、不盲目跟隨
· 著重邏輯思維、分析能力、創造力
· 幼兒的自由度和空間大，受約束及限制較少
· 讀小學 Year 1 前所有學習基本上都以遊玩為主，大多沒有功課或入讀小學前會有少量功課以便適應小學生活
· 不會預期小朋友在這階段學懂寫字、算術或串生字

幼兒教育選擇

入讀小學前一般歸類為學前教育,是自願而非強制參與,所以比較有彈性。普遍會有以下選擇:

· 入讀幼兒園 (Nursery)

· 交由幼兒託管人 (Childminder) 負責管教

· 自己負責在家教育 (Home Schooling) 或找保姆 (Nanny) 輔助照顧

以下大多只適用於英格蘭地區,其他地區亦類似,但細節有些少分別。

1. 幼兒園

· 等於托兒所或幼稚園,一般規模不大,但數量多,差不多每個小社區都會有一間或更多

· 整間幼兒園大約二十多個幼童,不分年級,多名老師共同教學及看管幼童,師生比例會按照規定

· 受政府機構 Office for Standards in Education, Children's Services and Skills (Ofsted)(在英格蘭以外地區也有其他類似機構)監管,會定期接受審查

公立 / 私立

公立或私立,包括教會、民間辦學團體及隸屬在小學內

· 公立:

- 只提供你所獲得的政府津貼免費時數,即三歲後只獲一週 15 小時基本津貼的,只可上半日制而不得上全日制

- 按照家境及特殊需要、兄姐在同校、住址離校距離等因素考慮優先收生

· 私立:

- 競爭沒有公立那麼大,較易獲得取錄

學制

· 半日（上或下午）或全日制，一般年紀小會先上半日制，到適應後才上全日制

· 一週五天，大多由早上七時半開門，至晚上六時關門，有個別會稍晚（六時半或七時），方便家長下班後接回幼兒，但注意遲到會罰款

· 公立及部份私立的學前班開放時間會較短，一週五天，上或下午半日三小時或全日六小時，開放時間大約為上午九點至下午三點

年齡

· 適合一至四歲的幼童，一般滿九個月大就可以開始考慮入學，有些甚至更早至三到六個月大，視乎家庭情況及選擇而定（比如父母均需全職工作）

· 三歲以下為幼兒組 (Toddlers)

· 三至四歲為學前班 (PreSchool)

日常活動

· 幼兒組：

- 每天日常活動就是玩遊戲、畫畫、做手工講故事之類，孩子玩得開心之餘同時學習社交技巧

· 學前班：

- 日常活動除了遊玩項目，亦開始添加少量學習環節，例如英文字母、拼寫簡單單詞、會話練習、基礎算術等，為入讀小學打好基礎和做好準備

- 開始跟隨小學的上學時間（上午九時至下午三時）和學期，預早開始習慣小學的生活

- 私立會較公立更著重學習，亦較早開始進行教學

· 一些學校亦設有每週一次全日活動的 Forest School

- 即是去公園看看花草樹木和動物，從觀察實在的事物學習聲音和顏色如何尋找及選擇

費用

- 學費大約為半日 £40-60，全日 £70-90，倫敦內再貴 20% 左右，一週五天全上足的話大多會有折扣優惠
- 幼兒組：要自費，故此一般為私立，價錢也不低，因此不少家庭會選擇在家自行照顧幼童
- 學前班：會有津貼，詳情如下（僅限英格蘭地區）：
  - 有需要家庭（有領低收入、傷殘等援助金）的兩歲幼兒可獲政府每年共 570 小時津貼（一般為 38 週，每星期 15 小時，可自由分配），此屬政府福利，不適用於大多數簽證持有人
  - 幼兒滿三歲開始，直至上 Reception Class 或滿五歲為止，所有家庭皆可以獲得政府每年共 570 小時津貼（一般為 38 週，每星期 15 小時，可自由分配），非英國公民的居民也可以享有這項津貼
  - 符合特定條件（包括父母全職工作而沒有任何一方年薪超過 £100,000 等），可以獲政府每年共 1,140 小時津貼（即 38 週每星期 30 小時），此屬政府福利，不適用於大多數簽證持有人

※ 查看自己是否符合資格獲政府津貼及申請，詳情可到下列網址查詢：
https://www.tax.service.gov.uk/childcare-calc/
※ 學費以外，若沒自備午餐便需要付午餐費，大約每天 £2

如何申請入學

- 可先致電預約，並要求參觀幼兒園去實地考察
- 滿意的話可以填報名表遞交申請
  - 如區內幼兒多，可能要候補名單上輪候或直接拒絕申請
- 接到幼兒園通知後便需要付報名費，一般為開學前一個月左右，幼兒園有多學額也可能較早甚至報名時便獲得取錄
  - 可多申請一兩間，減低不幸無學校取錄而大失預算的風險
- 之後會得到正式取錄通知，安排父母陪同試堂
- 沒有大問題便正式入學

如何尋找及選擇

- 找尋區內幼兒園可到 https://www.gov.uk/find-nursery-School-place
- 看 Ofsted 對各幼兒園及學校進行的定期評估報告,可到下列網址查詢: https://www.gov.uk/find-ofsted-inspection-report 評分由高至低分別為 Outstanding、Good、Requires Improvement 及 Inadequate

2. 幼兒託管人

幼兒託管人 (Childminder) 是幼兒園以外另一種幼兒教育方式,因為時間較彈性,很受在職父母歡迎。

- 跟普通保姆不同,幼兒託管人是集保姆及幼稚園教師於一身
- 受政府機構 Ofsted (在英格蘭以外地區也有其他類似機構) 監管及需要註冊,要求註冊前接受過幼兒教育、急救訓練,並經犯罪紀錄審查,確保安全和可靠
- 一般幼兒託管人家中也有自己的孩子,會跟託管的孩子一起照顧,幾個孩子在家居環境中一起玩、一起學習、一起成長

收費:

- 跟幼兒園相約
- 有些人會和聯同幾個相識的家長一起尋找並共用一個幼兒託管人,可以獲得更優惠的價錢
- 使用合資格的註冊幼兒託管人,也可享跟在幼兒園同樣的政府津貼,詳情請看幼兒園條目中的費用一欄

如何尋找及選擇

- 找尋區內幼兒託管人可看 https://www.gov.uk/find-registered-childminder
- 查看 Ofsted 對各幼兒託管人、幼兒園或學校進行的定期評估報告可看 https://www.gov.uk/find-ofsted-inspection-report 評分由高至低分別為 Outstanding、Good、Requires Improvement 及 Inadequate

III. 打好學習基礎第一步：小學教育(4至11歲)介紹

幼兒教育基本上都以遊玩和適應社交生活為主，學校並不會深入教導學生讀書寫字，接下來會介紹幼兒教育之後的小學教育，才算是兒童真正踏上學習之途的第一步。

很多家長會有疑問，究竟英國小學是由四歲還是五歲開始入讀，在這簡單說明一下，其實無論四歲還是五歲也是正確。年滿四歲的兒童可以入讀小學學前班 (Reception)，而年滿五歲的兒童在法例規定下必須入讀小學一年班 (Year 1)，不過絕大多數家長都會選擇讓子女入讀 Reception，如果五歲才入讀 Year 1，某程度上算是插班，要找學位也比較不容易。舉例說，在 2018 年 9 月 1 日至 2019 年 8 月 31 日出生的兒童，將可以在 2023 年 9 月入讀學前班。

UK 英適生活

在英國學制概覽一文談及過，英國小學分公立和私立兩種，而公立學校又分為幾個類型，雖然由不同組織或團體營運，但學費是完全由政府資助，而私立學校則會自行訂立學費。每班一般有 20-30 個學生。以下大多只適用於英格蘭地區，其他地區亦類似，但細節有些少分別。

學期分佈

以社區小學 Community School 為例，每一學年分為三個學期，其他類型學校可能會有差異

· Autumn Term（九月至十二月）
· Spring Term（一月至三月）
· Summer Term（四月至七月）

學期假期

每年大概只有不多於二百日上課天，扣除週末後，大概有十三週—65 日的假期，分別在

· 十月：一星期
· 十二月（聖誕）：兩星期
· 二月：一星期
· 四月（復活節）：兩星期
· 五月：一星期
· 七、八月（暑假）：六星期

上學時間

· 上學時間為早上八時多至下午三時多，中午可以選擇在學校飯堂進食或自備午餐
· 每節課堂約為 25 至 35 分鐘，小息時間約為 20 至 25 分鐘

課程大綱

英國小學對課程大綱的自由度很大,不是每間學校也依照國家課程大綱教學,如果該學校是按國家課程大綱教學,會至少有以下科目:

- 英文 English
- 數學 Maths
- 科學 Science
- 設計與科技 Design and Technology
- 歷史 History
- 地理 Geography
- 美術與設計 Art and Design
- 音樂 Music
- 體育 Physical Education (PE)
- 電腦 Computing
- 外語 Foreign Languages(於 Key Stage 2 教授,即 Year 3-6)
- 宗教 Religious Education

雖然看起來有很多科目,但在小學教育中主要是培養學生對學習的興趣和找出自己喜愛的科目,上課多以互動形式進行,鼓勵學生發問,所以老師並不會給學生很多功課和測驗。

如何申請入學

如果你的子女於翌年九月年滿四歲，你便可以開始準備為他/她報讀小學 Reception，以下為關鍵日期時序表。申請插班的程序大同小異，詳情可到你所居住的 Council 網站內找到。

關鍵日期	詳情
九月至十二月	家長可以自行聯絡學校安排參觀或者參與學校開放日，除了能夠了解學校環境設施外，亦可讓子女感受一下是否喜歡在這裡上學。當有了決定後可以在 Council 網站申請統一派位，一般可以填寫 4 至 6 個志願
翌年一月中旬	統一派位申請截止，個別情況如涉及搬屋而未能趕及申請可延至二月上旬
翌年四月中旬	公佈派位結果
翌年六月至七月	如對派位結果有任何不滿，家長可以提出上訴
翌年九月	子女正式入學

取錄原則

· 社區小學 (Community School)——如果父母為學校職員，子女可以被優先取錄；如果兄姊已在同一所學校就讀，弟妹也可以被優先取錄，然後會取錄以住址和學校直線距離較近的兒童
· 教會小學 (Faith School)——該宗教（絕大部分為基督教、天主教、猶太教）受過洗禮或準備受洗的兒童可以被優先取錄，然後是其他宗教信仰的兒童，最後會取錄以住址和學校直線距離較近的兒童
· 其他類型學校取錄原則因學校而異

IV. 着重自由發展：中學教育 (12至18歲) 介紹

小學教育後的中學教育，是為學生進入高等教育或社會工作的預備階段。與香港舊學制很相似，英國中學教育也是七年制，由 Year 7 至 Year 13，當中包含兩個學業生涯的重要考試，分別是 GCSE 會考和 GCE A Level 高考，學生可以在高中階段 (Key Stage 4-5) 中選擇自己喜歡的科目修讀，從而找出未來的發展方向，無論對人生或是知識追求，也是一個很重要的歷程。由於強制教育只到 16 歲，學生於 Year 11 之後可以選擇繼續升學或者當職業學徒／見習生。

與小學一樣，英國中學分公立和私立兩種，而公立學校又分為幾個類型，雖然由不同組織或團體營運，但學費是完全由政府資助，而私立學校則會自行訂立學費。每班一般有 20-30 個學生。

以下大多只適用於英格蘭地區，其他地區亦類似，但細節有些少分別。

學期分佈

Community School 每一學年分為三個學期，其他類型學校可能會有差異

- Autumn Term（九月至十二月）
- Spring Term（一月至三月）
- Summer Term（四月至七月）

上學時間

上學時間為早上八時多至下午三時多，中午可以選擇在學校飯堂進食或自備午餐

每節課堂約為 25 至 35 分鐘，小息時間約為 20 至 25 分鐘

課程大綱

英國中學對課程大綱的自由度很大，不是每間學校也依照國家課程大綱教學，如果該學校是按國家課程大綱教學，會至少有以下科目：

Key Stage 3 － Year 7-9

- 英文 English
- 數學 Maths
- 科學 Science
- 設計與科技 Design and Technology
- 歷史 History
- 地理 Geography
- 美術與設計 Art and Design
- 音樂 Music
- 體育 Physical Education
- 電腦 Computing
- 外語 Foreign Languages

· 宗教 Religious Education
· 國民教育 Citizenship
· 性教育 Sex Education

Key Stage 4 － Year 10-11
· 核心科目
- 英文 English
- 數學 Maths
- 科學 Science
· 基礎科目
- 電腦 Computing
- 體育 Physical Education
- 國民教育 Citizenship
· 學校至少要提供以下其中一個科目
- 美術 Arts
- 設計與科技 Design and Technology
- 人文學 Humanities
- 外語 Foreign Languages

一般 Year 11 學生會報考九至十科 GCSE 考試。另外，政府正在大力推動 English Baccalaureate (EBacc) 成為 GCSE 新核心指標，意指學校應該安排學生至少修讀和報考以下一系列科目，令學生更容易升讀大學：

· 英文與英國文學 English Language and English Literature
· 數學 Maths
· 綜合科學 Combined Science 或以下其中三科－物理 Physics、化學 Chemistry、生物 Biology、電腦 Computer Science
· 歷史 History 或地理 Geography
· 一種外語 Foreign Language

> **Key Stage 5/Sixth form － Year 12-13**
> 國家課程大綱只包括到 Key Stage 4 教育，並沒有規範 Key Stage 5。
> 而一般 Year 13 學生會報考三科 A Level 考試，個別學生可能會多選
> 一科 A Level 或 AS Level，至於選修什麼科目會決定能入讀大學什
> 麼學科，例如醫科要求學生要修讀 A Level 化學和生物。

如何申請入學

如果你的子女於翌年九月年滿十二歲，你便可以開始準備為他／她報讀
中學，以下為關鍵日期時序表。申請插班的程序大同小異，詳情可到你
所居住的 Council 網站內找到。

關鍵日期	詳情
九月至十月	家長可以自行聯絡學校安排參觀或者參與學校開放日，除了能夠了解學校環境設施外，亦可讓子女感受一下是否喜歡在這裡上學。當有了決定後可以在 Council 網站申請統一派位，一般可以填寫 4 至 6 個志願
十月三十一日	統一派位申請截止，個別情況如涉及搬屋而未能趕及申請的話可延至十二月上旬
翌年三月上旬	公佈派位結果
翌年五月至六月	如對派位結果有任何不滿，家長可以提出上訴
翌年九月	子女正式入學

當子女升讀到 Year 11 後，可考慮 GCSE 後選擇原校或報讀 Sixth Form
College 以修讀兩年高考 A Level 課程，申請截止日期大約為十一至十二
月，個別學校不同，而收生當然會以 GCSE 成績為準則。

取錄原則

· 社區中學 (Community School)——如果父母為學校職員，子女可以被優先取錄；如果兄姊已在同一所學校就讀，弟妹也可以被優先取錄，然後會取錄以住址和學校直線距離較近的兒童

· 教會中學 (Faith School)——該宗教（絕大部分為基督教、天主教、猶太教）受過洗禮或準備受洗的兒童可以被優先取錄，然後是其他宗教信仰的兒童，最後會取錄以住址和學校直線距離較近的兒童

· 文法中學 (Grammar School)——有意報讀的學生需要參加 11 Plus 考試，而由於競爭非常激烈，通常只有於考試名列前茅的學生才能夠進入，一般家長會於子女 Year 3-4 時已經會開始準備考試

· 其他類型學校取錄原則因學校而異

V. 為未來專業發展鋪路：
學士課程

英國的高等教育質素之高是世界公認的，相信這樣説也沒有人會質疑。根據 QS World University Rankings 2021，全球百大大學裡面有多達 18 間是英國大學，而其中 4 間更是進佔頭十名內，大家對它們的名字一定不會陌生，分別就是牛津大學 (University of Oxford)、劍橋大學 (University of Cambridge)、倫敦大學學院 (UCL) 和倫敦帝國學院 (Imperial College London)。

當然要成功入讀這些名校一點也不容易，幸好全英國擁有超過一百間大專院校，想在中學畢業後繼續進修報讀學士課程其實也不難。

學期時間及課程長度

· 分三學期，秋季（10月至12月）、春季（1月至3月）、夏季（4月至6月），每學期約為十週
· 課程長度一般為三年，個別情況如參與實習或海外交換生計劃則為四年，而醫科、法律課程等會更長；在蘇格蘭則一般為四年或更長

畢業等級

· First class honours (First/1st)
· Upper second class honours (2:1/2i)
· Lower second class honours (2:2/2ii)
· Third class honours (Third/3rd)
· Pass

由於較好的碩士課程一般最低收生要求為 Upper second class honours (2:1/2i)，所以如果打算學士畢業後繼續升學的話，便要在學士課程中努力讀書了！

學費

· 本地學生學費為每年£9,250，政府會提供學費貸款及資助給有需要學生
· 海外學生學費由每年£10,000 至£38,000 不等，一般來說熱門課程學費會較貴

成績要求

· 須擁有與學科相關 GCSE 和 GCE A Level 或相等考試成績，例如工程學科要求學生在 A Level 中修讀數學和物理
· 要注意母語科目考試成績多數不會被承認，千萬不要以為在公開考試中修讀中文會帶來入學優勢

如何符合本地學生資格？

必須符合以下兩項條件：

· 擁有永居權 (ILR) 或英國公民 (British Citizen) 身分
· 需要在入學前過去三年長期在英國居住，大學會要求提供若干年住址證明作實

舉例說，如持 BNO 簽證在英國居住五年後獲得永居權，便可即時成為本地學生，這是因為在過去三年已經居住在英國，故此符合本地學生資格。如獲得永居權或英國公民身分後離開英國，則要重新計算三年居住期。

申請流程

· 採用聯合招生方式，UCAS 是政府認可機構
· Year 13 學生由學校協助報名參加聯招，聯招有兩個截止日期，如需報考牛津、劍橋大學任何課程，或其他大學醫科課程截止日期為入學前一年十月中；其他課程則為該年一月中。學生可以填寫五個選項
· 部分課程可能會邀請學生進行額外面試或考試
· 與香港聯招制度不同，大學會於截止日期後開始取錄學生，由於學生可以同時申請入讀五個課程，所以有機會會被多於一間大學取錄，要注意絕大部分為有條件取錄 (Conditional Offers)，要達到其要求 A Level 成績才可入讀

VI. 計劃轉行或準備升職好方法：碩士課程

進修對不熟悉英國職場的人來説是一個不錯的過渡，也可以為打算轉換行業或想在職場更上一層樓做好準備，而不同進修課程之中，很多人會選擇修讀碩士課程。

碩士學制
- 英國碩士學制主要為授課型碩士 (Taught Master)
- 比較少研究型碩士（類似香港的 MPhil）

學期時間及課程長度
- 九月尾開課
- 課程長度由九個月至一年半左右
- 沒有暑假，暑假多為實習或準備畢業論文

學費

- 海外學生學費由每年 £16,000 至 £40,000 不等，說商學院和熱門課程學費會較貴
- 本地學生學費一般為海外學生學費的一半左右，但也很多熱門課程收取幾乎和海外學生學費一樣的價錢，每間大學網站都有列明不同課程的收費，建議先查清楚
- 成績優異或是該校舊生學費可以有優惠
- 英國碩士獎學金比較少見，反而香港政府可能有資助，但截止申請時間較早，而且需在取錄之後才能申請，更有不少條款是畢業需回港工作，否則可能影響信用評級

* 如何符合本地學生資格？

必須符合以下兩項條件：

1. 擁有永居權 (ILR) 或英國公民 (British Citizen) 身分。
2. 需要在入學前過去三年長期在英國居住，大學會要求提供若干年住址證明作實。

舉例說，如持 BN(O) 簽證在英國居住五年後獲得永居權，便可即時成為本地學生，這是因為在過去三年已經居住在英國，故此符合本地學生資格。如獲得永居權或英國公民身分後離開英國，則要重新計算三年居住期。

成績要求

- 較好的學校一般最低要求為 2:1 學士學位，大學會視為等同於香港的 Second Class Honours — Upper Division/Division One
- 也有些學校最低要求為 2:2 學士學位，即香港的 Second Class Honours — Lower Division/Division Two

經驗分享

由於香港的大學一般採用常模參照（俗稱拉 Curve）評分，導致平均積點（GPA）較低；而相反英國則通常使用水平參照，即考試達到特定分數即可獲取該評級，故學生一般 GPA 會較高。在報讀碩士課程時，香港學生便會較輸蝕。但大家也不用太擔心，就算頂級大學，亦有相對收生較多及對 GPA 要求較寬鬆的課程，例如帝國理工商學院。

申請流程

· 開學前一年九月開始準備（如要申請香港獎學金則要更早開始）
· 去心儀課程大學網頁填寫申請表，除了一般個人資料、學術及工作履歷外，還包括：
  - 一份個人陳述 (Personal Statement)
  - 2-3 份學術推薦，一般找大學教授幫忙，如果畢業太久，可向學校詢問可否用公司推薦信代替
  - 有些課程需要提交個人作品，或者做一份入學作業或筆試

取錄通知

· 大概 12 月左右開始發出取錄通知
· 會收取留位費（約 £1,000），各大學及課程收費有差異

工作前景

· 可以參考英國短缺職位表，查看哪些行業有較大需求，可於網上搜尋 uk shortage occupation list。

· 用學生簽證入境讀書的學生，如課程長於 11 個月，畢業後會有兩年的 Post Study Working (PSW) 簽證給予時間尋找工作，期間也可以直接工作。但注意，PSW 簽證期間不會計算進 Settlement 所需的年期

· 從學生簽證轉成工作簽證時，部份程序及費用獲得豁免：公司可免去了技術費用 (Skill Charge) 的支出（以 5 年簽證計算，大型公司可省下 £5,000），故此一般公司會較願意聘請畢業生

經驗分享

畢業後想早點開始工作，例如需要申請工作簽證，最好一開學便開始尋找工作。

在倫敦以外的學校較難找工作，主要因為工作機會較多在倫敦，而到倫敦面試的火車路程動輒花費 1-2 小時。

數理或工程課程性價比都較商科為高，就算在金融業，很多職位的僱主相較於在香港更傾向選擇數理或工程學生，跟社會風氣有關。

第五章
職場在英國

1. 英國的職場文化 1 ——準時收工

英國的職場文化跟香港的比較，即使在同一地方，不同行業、公司和部門的文化也各有不同，只能以自身經驗來分享一下兩地的差異，先由工作時數説起。

工時：香港 OT 文化 vs 英國尊重私人時間

筆者在銀行業工作，在香港和英國都工作過幾年，第一個明顯的分別是每日工作時間。

兩地合約上的工時都會有寫朝九晚五或朝九晚六之類，但筆者在香港工作時和不少港人一樣都例牌要 OT，短則一小時，長則四、五小時不等。

即使不太忙碌的日子，也無人敢準時放工，因為上司看到會追問你進度，之後就要 OT 繼續做了。

在英國當然也有忙到要死的 Project，或者工作狂上司追進度而要瘋狂 OT 這些特殊情況，也試過在重要 Deadline 前幾天要 OT 到十點，甚至十二點，但不經常發生。正常情況也可以很準時下班，沒有香港或亞洲的那種經常有事沒事也 OT 的文化，上司也沒有要留難你不讓你準時下班的情況，有人還會準時在五點向上司說再見，不像在香港般不想讓上司發現而要靜靜地走。

英國較尊重員工的私人時間和家庭，你提出下班後有安排或活動（比如 GYM、興趣班、睇波、朋友聚會、到 Nursery 接小朋友等），上司也都不會強行留下你來 OT。特別是星期五或假期（公假或你請的大假）前，幾乎都假定你會有安排節目或去趕火車或飛機，所以大家都會比星期一至四更準時甚至提早下班。也因此在英國較易安排下班後的活動，還可以在工作天下班後去踢波和做 GYM，週末的時間便可以留下來安排全日出門或旅行了。

因為員工 OT 不是必然，上司在安排工作的 Timeline 和 Deadline 時也不會計算得太盡，而真的不能完成每天的目標大多也可以留待第二日再續，不必工作到半夜把工作做完，因此工作壓力也較在香港時面對的小。

基於互相尊重原則，當工作有需要時而下班後又沒有安排，大多人也樂於 OT 一下，始終是自己的工作，遲早也是要自己完成。總工作時數可能和在香港相約，但有自主選擇權，彈性亦較大，絕對不能跟香港的相提並論。

II. 英國的職場文化 2
—咖啡啤酒社交

咖啡是國際受歡迎飲品，也是各打工仔充電及還魂的救命神藥，英國當然也不例外，最少早上一杯，午餐後一杯，不少更會在中間再加幾杯。英國人愛喝茶，所以也有不少人選擇在公司喝茶，也是異曲同工。

英國在辦工時間內離開座位作一個 Coffee Break 是很平常的一件事，有時會跟同事一起出外或到 Canteen 買咖啡，或一起到 Pantry 沖咖啡，期間可以閒聊一下近況，也會談一下公事。經常會利用這時間跟其他部門的同事，甚至其他公司的舊同事或朋友更新一下近況，是很重要的社交途徑之一，對將來事業發展也會有幫助。

下班後喝酒

畢竟喝咖啡的時間短，想要詳談或者跟多些人聊天的話，下班後喝酒的時間會更適合。在英國喝酒是不錯而且流行的社交活動，無論是親戚、朋友、同事甚至陌生人都可以用酒精打破隔膜，製造良好社交氣氛。

在香港時也偶然會有喝酒活動，但次數不多，有外籍同事的話機會較多。在英國職場則基本上是必要的活動，不同部門或小組也會定時約大家在下班後一起喝酒，有些還會固定每月一次，甚至每週一次都有。如果有特別事情，比如慶祝升職、生日或節日、離職告別、完成大項目慶功等等，還會額外再加喝酒活動，反正就是找個機會聚一聚和喝幾杯。而且大家也都打成一片，即使是最低年資剛入職的小伙子，也一樣可以跟部門主管聊天，大至國際新聞，小至週末活動計劃，都可以暢所欲言。有時會圍成一個大圈，有時會分開幾個小組，或者單對單對談，反正也可以隨時換組參與其他圈子的討論，不論哪種方式，都總會在一片笑聲中渡過。

不像某些亞洲地區的應酬文化，在這裡同事或上司亦不會挽留你多喝幾杯不讓你走，逗留時間可長可短，任君選擇。有些人會很快喝一杯然後趕回家或出外吃晚飯，有些人會留到九、十點，有些人還會留到酒吧關門為止。

III. 英國的職場文化 3
——彈性上班

在香港上班遲到的話,例如遇上大塞車之類,難免會被上司責備或教訓。在英國則較有人情味,尤其若果是因為自己身體不適、家人或小孩病倒需要照顧、鐵路故障或交通擠塞等原因而遲到,同事及上司都會理解和體諒,只要早點聯絡並交待你因事遲到便可以。

記得有一次倫敦地鐵罷工,筆者已經比平日預多一倍交通時間,改坐巴士上班,但等了很多班車都滿客上不了車,只好用電郵先跟上司說明狀況,結果遲了一個多小時才回到公司,但也沒有受到任何責難。

當然平日正常的話人們也普遍較準時,甚至會提早到達公司,有些是因為住得較遠要預留多點緩衝時間,有些會想避過人潮而在高峰時間之前坐公共交通。畢竟若果平日經常遲到,也很難讓人相信你遲到是因為遇到突發狀況了。

在家辦工

上面提到有些事情會影響你準時上班，除了可以直接請假留在家中之外，在英國不少公司還讓你在有需要時選擇在家辦工 (Working From Home, WFH)，相信 2020 年疫情開始後大家對 WFH 也都不感陌生了。英國決定封城後大部份辦公室工作也能轉移到在家中繼續，也是因為很多公司早就有 WFH 的習慣和安排，員工亦已試過 WFH 在硬件（如手提電腦）和軟件（如 VPN）都無問題。

之前試過因大雪令很多道路不能行車、鐵路路軌受阻，很多人也被迫留在家中工作，鐵路罷工也是類似情況。除了這些對整個地區都有影響的事故外，也有較個人的原因，較常見的比如小孩病倒不能上學而需要父母其中一人留在家中照顧，及家中爆水喉等事故。

有些公司也容許大家因非緊急的事情而在家工作，比如安排技工上門維修或安裝大型電器、在家接收大件包裹等等。有些公司更會安排員工輪流一星期一天在家工作，可以預早安排及分配好日子，在管理上比每次詢問再協調來得更有效率，員工也可以安排在這些日子預約技工維修或收件。

IV. 英國的職場文化 4
—同事來自不同國家

在香港工作時，同事大多是香港人，也有些內地人到香港留學後留下來工作，偶然也有幾個外國人，但人數不多，文化衝擊不算太多，反而是要他們適應本地人的工作和相處方式。在英國工作，除非是華人公司，不然的話就少不免要和外國同事打交道。

辦公室國際化

有些人或許會以為在英國，同事們肯定大多數是英國人，其實不一定的。視乎部門的性質和需要，比如人力資源 (HR)、資訊科技支援 (IT Support) 等本地人手充足的部門，便會較多英國本地人。有朋友曾試過在一個全是英國人的部門工作，只有他一人例外。但亦有很多行業，見到的員工都來自歐洲不同國家。

歐洲人會到其他國家讀書、工作、定居本來就很平常，畢竟在脫歐之前歐盟國民都可以自由進出英國，而且多數歐洲人也會英語，亦很多人會選擇到英國讀書並留下來工作。因此在英國特別是在大城市都很常見，在零售、飲食、娛樂等日常生活接觸到的行業，也可以見到不同在英國工作的歐洲人。筆者在倫敦銀行業工作，有些部門甚至超過一半也不是英國人。筆者現在工作小組的十個同事便來自七個不同國家，而只有一個是英國人呢！

有僱主會聘請像筆者這些香港人，當然也會聘請其他非歐盟國家的人。在某些行業，比如在人手短缺工作清單 (Shortage Occupation List) 上的，因為在本地也不容易找到合適的求職者，僱主會願意選擇給外國求職者做工作簽證，故此部門會比單是歐盟國民更國際化。

V. 英國的職場文化 5
―各式口音的聆聽考驗

上文談到同事來自不同國家，語言和口音的不同也帶來不少在香港工作時未遇過的文化衝擊。

多國語言

多個不同國家的同事們當然會有不同語言，而因為語言不同，很自然地人們也會有傾向跟自己同一語言的人一起，在大學如是，在職場亦如是，比如幾個西班牙或法語系的同事各自組團一起吃午餐、喝咖啡等。可以算是小圈子但也不算排外，因為他們亦會歡迎其他人一起參與，筆者也常跟一個相熟同事一起參與他們的法語圈子，這是不錯的方法去認識其他部門的同事、擴大圈子，有工作上的合作時也更加順利。

另外，在工作上相同語言的人有時也會使用自己母語溝通，在辦公室都不時會聽到非英語的交談，因為聽不懂亦不知道是工作相關還是閒話家

常。雖然公司是不建議使用外語，無論如何都應該使用英語，但實際上也常有發生，亦較難去管。

適應各種口音

有不同語言，大家的英語自然亦有不同的口音，但對於在香港長大的筆者來說也是相當陌生。在香港從小學習英語，英語水平不低，在英國工作和生活問題也不太大。但筆者在剛來英國工作時發現，以往學習英語聆聽時都只限於學校內老師、同學以及播放影片或錄音等，都是標準英式、美式或本土的港式英語發音，較少接觸其他口音。所以在一開始時接觸其他國籍同事時有些少吃力，尤其在會議上有時也不能完全掌握他們說的內容，只有在英國人或口音較輕的同事發言時去猜測討論的內容。

不要以為是英國人的口音就容易聽，雖然英國國家面積不算大，但不同地區的口音差異也很大，英格蘭北部、蘇格蘭、愛爾蘭等等都跟大家熟識的標準英語差別很大。再說其他英國以外的國家差異就更大，只是歐洲內的語言已經這麼多，還有中東、非洲、亞洲等等，各有不同的口音。

不恥下問是關鍵

要解決溝通問題不外乎是熟能生巧，筆者多跟同事交談後，也慢慢適應了他們的口音，沒有了語言的隔膜，談公事或聊天都輕鬆得多。直到後來遇到一些未接觸過的同事，又要再適應新的口音，再過了一段時間後也差不多對多數口音都能適應了。

其實不用害羞，要求對方重覆一次或者解釋一下，即使是英國人也會在聽不明白時請求對方再說一遍，所以也不用介意。在聽過一次並且查問了對方的意思後，慢慢在腦裡建立一套認知系統，把帶口音的發音跟自己認知的發音連繫上，之後再聽到時便會知道這發音對應的是那一個音。有時甚至還可以從口音中聽出對方是哪個國家的人呢！

VI. 求職如何開始？ 工作搜尋平台介紹

如香港般有 JobsDB、CTgoodjobs，英國也有很多不同類型的搵工平台，剛到埗的你或許心急如焚想快點找到工作，可以多到工作搜尋平台查看空缺，甚至是還在香港的你提早到以下平台建立帳號上載履歷，被動地讓獵頭公司聯絡你或早一步了解市場活躍度，也是不錯的選擇。現將英國的工作搜尋平台大概分為四大類：

1. 綜合類

較大的綜合類有 Indeed、Reed、Totaljobs、Monster、CareerBuilder、LinkUp 等等，沒有特定專注的範疇，基本上任何行業工種也適合，中小型公司或獵頭公司較多，除了可以按工作類型、關鍵字和所在城市，也可以設定關注關鍵詞去搜尋工作空缺，以後有相關空缺系統自動以電郵通知。

而很多時工作空缺亦會由獵頭公司的中介人 (Headhunter/Agent) 發放，他們未必會在搜尋平台中透露僱主名稱以免你直接去找僱主，也未必會

把手上的工作空缺都全部放上搜尋平台，故你也可以在上載履歷後設定為公開，讓獵頭公司搜尋你並直接聯絡介紹職缺。

2. 專業定向類

用法與綜合類的網站類似，只是這些網站會以特定行業作專注，例如efinancialcareers 以金融界的空缺為主，CWJobs 則集中於 IT、科技相關工作，更容易找到適合自己相關事業的工作機會。

另外也有些網站是專門為找 Startup 工作而設的，不同類型甚至共同創辦人職位也可以找到：如 Workinstartups、Ukstartupjobs 等。要留意初創公司由於資源較有限，一般很少會僱用獵頭公司，所以如果屬意Startup 工作的你便要主動出擊了。

3. 被動類

近年歐美開始興起被動類的求職網站，如專為 IT、科技工作而設的HIRED，用家需要先建立好個人資料頁，填上自己的工作經驗、技能等，然後系統會在數日內驗證你的資料，再和系統內的公司 / 空缺作配對，如果有公司 / 職位對你有興趣，系統便會將你們配對再直接預約面試，是一個較省時的做法。

4. 兼職 / 散工類

如果是初到英國或者學生想先找兼職或散工幫補一下，除了在一些Facebook 群組偶爾會有版友貼出招募資訊外，亦可以試用以下網頁 /Apps：

· Rota

較多待應和廚房工作，在 App 內註冊後根據所在地區和時間搜索不同的短期工作，不少餐廳或中介公司會登出招聘內容，看到合適工作可在App 內直接登記，如獲接納會收到進一步資訊和指示。

· JobToday

用法和 Rota 類似，但 JobToday 除了設有網頁版外，工作種類也較廣：
除了餐飲類也有很多倉庫，售貨員或興趣班導師等工作機會，更有小部
份全職工作。同樣地如有心儀工作，可在網頁 /App 內直接申請，簡單
易用。

· Deliveroo/UberEats/JustEat

相信大家對以上外賣平台不會陌生，它們在英國的覆蓋範圍也很大；初
到埗的也可以考慮加入，賺取短期收入。

5. 傷健人士類

英國也有不少為傷健人士而設的工作搜尋平台，如有需要可以查看以下
網站：

· Scope (https://www.scope.org.uk/)
· DisabledPerson (https://www.disabledperson.com/)
· Evenbreak (https://www.evenbreak.co.uk/)

其實英國十分平等，傷健人士除以上平台外，亦可以照正常途徑搵工。

主動出擊

如果有讀者擔心自己英文不夠好，希望尋找華人公司或需要用到中文的
工作，可以試試到以上各平台搜尋關鍵詞 Cantonese 或 Chinese，可更
有效找到適合自己的工作。亦建議跟負責你行業的不同中介人聯絡和電
郵自己的個人履歷，更大機會能在有新工作空缺時第一時間收到消息。
另外，在網上搜尋平台和 Linkedin 上載自己的個人履歷、填寫求職條件
和目標，也可以吸引中介人主動聯絡你。你的工作經驗越豐富或工種越
供不應求，越多中介人會打電話或電郵找你，甚至應接不暇。
如果有特定想加入的公司，比如銀行、會計師行、測量師行、藥廠等，
也可以嘗試直接上公司網站找工作空缺，沒中介人的幫助可能會花較長
時間，一試無妨，但建議多管齊下，增加找到工作的機會。

VII. 求職必須注意事項

在英國找工作，首先需要你有英國工作權 (Right to Work in the UK)。

· 如你有英國公民身分、歐盟國籍（完成脫歐前）、永居權等無條件無限期居留權，則完全沒問題。

· BN(O) 簽證、伴侶簽證、YMS(T5) 青年交流計劃 (Working Holiday) 簽證容許你有限期下居留英國並可以在期間全職工作，一般也沒問題，除非簽證限期快到，便較難找到長期工作。

· 學生簽證只容許你每週二十小時的兼職工作。

· 否則便需要僱主替你申請工作簽證，這也令不少獵頭公司的中介人和僱主卻步。因為不是所有公司都有牌照申請工作簽證，而且所付出的等候時間和成本不低，多數會先考慮其他無須辦工作簽證的選擇。

背景審查

得到僱主錄用後，便會作出背景審查，調查你的信用歷史、過往工作經驗、學歷、犯罪紀錄等。大多公司的背景審查非常嚴格，有的更會聘請第三方公司負責處理。一般來說，在履歷上所有五年內的工作經驗，全部學歷及專業資格都有機會被查核。調查的時間視乎有否提交足夠和正確的資料和有否問題紀錄，如有未繳付的罰款、信用卡月結單或帳單等信用壞歷史，也會需要更長的調查時間。

經驗分享

筆者之前在履歷表上仍然留有在四、五年前只做了數個月的兼職工作，背景審查公司會要求提供兼職公司的聯絡方法作查核之用。另外，亦會要求簽署同意書，授權他們在香港查核學歷、專業資格、犯罪紀錄及信用評級等。故此應小心填寫履歷，如有任何有困難提供證明的資格或經驗，建議從履歷上刪去，減少麻煩。

VIII. LinkedIn 對找工作的重要性

在英國，特別是專業職系，LinkedIn 是個很重要的戰場，擁有一個好好經營的 LinkedIn 個人頁面帶來的影響可能遠超你的想像。

首先，大多數英國公司會使用 LinkedIn 上載他們的空缺招聘，由他們的內部招聘團隊親自管理或外判獵頭公司代理，你可以直接聯絡他們或報名申請。他們亦會主動從 LinkedIn 中搜索適合的人才，然後直接邀請他們申請工作空缺，直接跳過公司人事部門篩選履歷表的程序。你也可以直接聯繫各獵頭公司中負責你工作行業的代理，讓他們認識你的背景和履歷，到他們手上有適合你的工作時便會介紹你。

其次，你可從自己的人際網絡（大學同學、舊同事等）中得知行業資訊和空缺，也有機會透過他們得到內部轉介的機會。

LinkedIn 突圍竅門

怎樣才可以令自己的 LinkedIn 個人頁突圍而出呢？可以參考以下幾點：

- 跟隨 LinkedIn 教學，盡量填好不同部份
- 選擇一張比較專業的頭像相片
- 在工作經驗欄中簡介工作內容，從你心儀的行業作方向，加多點關鍵詞在個人頁，增加被搜尋到的機會
- 以全英文填寫個人頁面並檢查有否錯拼 / 文法錯誤
- 如有專業證書不妨加進 LinkedIn 內
- 儘量擴大你的人際網絡，如果是同行業的，就算真人不認識也可邀請加入網絡，可能他日當他公司有空缺時，你可直接得知
- 同上，可多加入校友或舊同事作聯絡人
- 請網絡中認識你的同事 / 朋友認可你的技能或留下推薦評語，增強你在某技能上具能力的可信性
- 加入相關行業的群組並多點與群友互動，增加曝光率
- 可主動聯繫心儀工作的招募人員介紹自己或向其詢問有關該工作的內容 / 招聘要求等，一來可以表示誠意，二來可以間接知道自己成功的機率有多少
- 定期更新個人頁面，比如新的工作經驗及內容

以上是一些使用 LinkedIn 的心得，大家可作參考，祝好運！

IX. 大學準畢業生求職攻略

在香港營營役役的工作了數年，很想出外體驗一下不同的生活，在遊玩時空出時間學習有趣的知識，亦為履歷表增值一下。數年來筆者一直有跟以前的僱主提出想轉來英國工作，亦有上網搵工，但兩年過去機會亦未出現，所以儲夠學費就決定重回校園生活。一畢業就開始在英國找新工作，不經不覺，筆者已經在英國工作五年了。

可多出席大學招聘會

報讀英國碩士課程，對留英搵工有一定幫助，但必須要有心理準備求職仍然有一定的難度，一分耕耘一分收穫。英國金融界職位選擇多，介紹一下筆者畢業時找工作用過的搵工渠道。

除了在之前兩篇文章（求職搜尋平台、LinkedIn）介紹過的方法外，筆者亦建議可多出席大學舉辦的一些就職活動，例如大型的招聘會，不同

的公司會派職員來到學校設立攤位，會場通常是人山人海。雖然這類活動通常是針對沒有工作經驗的畢業生（筆者碩士課程的同班同學有一半都剛完成本科課程），但對了解市場氣氛同企業文化都有幫助。

招聘會規模有大有小，亦可能只開放給某些學位的畢業生。大致上，在招聘會需要主動到自己有興趣的公司收集宣傳單張，然後和公司職員傾談，雖然未有機會即場報名，但幸運的話會得到非常有用的資訊。如果對方是人事部的職員，可以在對話過程詢問公司的架構，現有的空缺和其他與申請職位的有關事項，因為他們通常負責第一輪申請的把關，有時候會透露小貼士給求職者。而如果對方是某部門的職員，通常代表該部門有空缺，就多多把握機會了解該部門的運作，填申請表甚至面試時就知己知彼，無往而不利。

而經獵頭公司申請工作的話，通電話交談時亦可趁機與他們打好關係，他們之後如有合適的工作機會亦可第一時間獲得通知。

經驗分享

如果你沒有英國工作權，筆者會建議先到相關網站查詢僱主是否可發出工作簽證才報名。

https://www.gov.uk/government/publications/register-of-licensed-sponsors-workers

一般來說，規模較大的公司，例如投資銀行、四大會計

行等等通常已有為員工辦理工作簽證的經驗，會較願意
考慮沒有簽證的求職者；亦有部份新創公司十分需要人
材，也會為員工辦理簽證手續。

從學生簽證轉成工作簽證時，部份程序及費用獲得豁免：
公司可免去了技術費用（Skill Charge）的支出（以 5 年
簽證計算，大型公司可省下 £5,000），故此一般公司會
較願意聘請畢業生。

提早準備　預留時間求職

回想當時完成所有考試後，筆者非常落力地申請了過百份工作，最後是
直接在公司網站報名找到一份銀行的工作，亦是一個新的職位。整個搵
工過程非常費時和痛苦，每間公司的報名程序未必一樣，有時亦要額外
付出時間回答相關職位的問題。要留意英國的招聘時間一般較香港長，
有時面試過程可長達數月。

每一年的碩士畢業生為數不少，只有少數人會繼續學業唸博士課程
（PhD），筆者身邊的同學大部分都準備好投身就業市場，所以競爭非
常大。搵工通常為時數月很需要耐性，請考量自己的財務狀況，畢竟要
在暫時沒有收入的情況下繼續留英生活。無論在香港或英國搵工，都要
明白碩士學位只是一張面試入場券。

英國僱主思想開放，會比較容易考慮沒有相關工作經驗的求職者，但同
時，他們對軟技能（soft skill，如情商、個性、社交禮儀、溝通能力等）
的要求很高，所以最後得到工作聘書的求職者，不一定是專業知識或經
驗最豐富的。除了專注學業，亦可以藉著機會學好英文，認識英國文化，
發掘自己有興趣的職位，那碩士課程才真正值回票價。

X. 有薪假期有多少？

有薪假期是員工福利中很重要的一環，尤其是喜歡旅遊或有小朋友的你來說更為重要，亦是很多人用來評定一份工作是否「筍工」的其中一個標準。

英國假期比香港多？

英國普通的僱員一年享有的假期包括：

· 公眾假期 (Bank Holiday) 8 天

· 有薪大假 20 天

· 合共法定有薪假期 28 天（俗稱 20+8）

雖然英國的有薪年假有 20 天，公眾假期只有 8 天，反觀香港有薪年假有 10 天，但公眾假期卻有 17 天，合共 27 天，所以兩地一年的有薪假期其實相差不遠。

兼職工作能享有大假嗎？如何計算？

即使是兼職也同樣受法例保障，可享有按比例計算的同等有薪大假。

例子：

法例定義全職為一週五天工作，法定有薪假期為 28 天。

假如你每週工作三天，每年可享有的假期則為 16.8 日 (= 3 / 5 × 28)。

全職工作的朋友在假期上會比較容易計算，一般都會清楚列明在合約上。兼職工作上班日子及工時不定，比較複雜，可以用以下網址查詢自己應該獲得的假期數目：https://www.gov.uk/calculate-your-holiday-entitlement

在假期當日的薪金如何計算？

全職工作及固定月薪：放假與否，獲發的月薪金額不變

兼職工作或工時不固定：假期日的薪金為過去 52 週平均週薪除五

例子：

過去 52 週平均週薪為 £1,000，每日假期薪金則為 £200 (= £1,000 / 5)

僱主可以隨意安排或拒絕我請假嗎？

可以，僱主可以要求僱員在特定日子放假或拒絕員工的休假申請，但必須在要求的假期日子兩倍時間前告知員工。

例子：

假如僱主要求僱員放三天大假，僱主必須在六天前通知員工；而如果員工申請放三天大假，僱主如拒絕亦須在六天前通知，而且年度內不能完全不讓員工享用年假。

假期能以薪金代替嗎？

法定 20+8 的假期並不能以薪金代替假期，只有員工離職時才能以薪金補償未用完之假期，每日假日的薪金同樣以上文提及的方法計算。而僱主在法定 20+8 的假期以外給予的額外假期，則可以雙方自行安排。

對兼職或工時不定的工種來說，有薪假期及假日薪金的計算方法較為複雜，建議讀者可以在公司的糧單以外自行作紀錄方便查核，發現數目有不對或不清時，儘快與公司人事部聯絡及查詢，保障自己的權益。

經驗分享

英國不少僱主亦會提供比法例規定多的有薪大假，安排假期的自由度會更高，請假去旅遊也不需要連在公眾假期前後，避過旅遊旺季的高價機票住宿和人山人海。另外，大部份僱主及上司也知道大家每年都需要放這二十多天的大假，只要預先告知你的放假安排就可以，不會有太大難度，一年申請兩次兩星期長的大假也很平常。

XI. 產假及侍產假

在職場福利中，有一項對有計劃生育的你非常重要：產假及侍產假 (Maternity & Paternity Leave)。在香港，大部份僱員都可享有俗稱「前四後六」共十星期的有薪產假，而男士則可享有五天的侍產假。在英國，法例規定的產假和侍產假又分別有多少？薪金又如何計算？

1. 產假

· 一般產假 (Ordinary Maternity Leave)：26 週
· 附加產假 (Additional Maternity Leave)：26 週
· 你並不一定要使用全部 52 週的產假，但法例規定產後兩星期必須放假（工廠員工則為產後四星期）
· 一般來說，產假會在預產期前 11 週開始

假期中的薪金如何計算？

你共可享有 39 週的產假薪金 (Statutory Maternity Pay)：

· 首 6 週可享有稅前薪金的 90%

· 其後 33 週享有稅前薪金 90% 或 £156.66（以較低者為準）

· 薪金會以正常途徑發出，需要繳交 National Insurance 及入息稅

任何人都可享有產假？有什麼資格？

· 你是公司的合資格員工

· 在預產假 15 週前已通知僱主有關懷孕情況，並提交懷孕證明及產假日期

· 每週平均薪金達 £123

· 在預產期前 15 週前，已連續為你僱主工作 26 週或以上

註：如果你未符合以上資格，你或者可領取 Maternity Allowance（最多每週 £156.66，共 39 週），詳情可參考 https://www.gov.uk/maternity-allowance

早產或不幸流產了 ... 怎麼辦？

在下列情況下你可以照樣領取產假薪金：

· 早產

· 不幸流產時已懷孕 24 週或以上

· 嬰兒不幸在產後夭折

2. 侍產假

· 一或兩週，由員工自行決定

· 無論你決定領取一或兩週侍產假，都必須一次連續放完

· 如果你是兼職每週只需上班兩天，你的「一週」假期亦只有兩天

· 必須在嬰兒出生後才開始放假，並在出生後 56 天內放完

伴侶產檢，我能去嗎？

· 你可以領無薪假期去最多兩次產檢，每次 6.5 小時

假期中的薪金如何計算？

· 每週可享有稅前薪金 90% 或 £151.2（以較低者為準）
· 薪金會以正常途徑發出，需要繳交 National Insurance 及稅

任何人都可享有侍產假？有什麼資格？

· 你是嬰兒的父親或嬰兒媽媽的伴侶或嬰兒的領養者
· 你是公司的合資格員工
· 每週平均薪金達 £120
· 在預產期 15 週前，已連續為你僱主工作 26 週或以上

早產或不幸流產了 ... 怎麼辦？

在下列情況下你可以照樣領取侍產假薪金：
· 早產
· 不幸流產時已懷孕 24 週或以上
· 嬰兒不幸在產後夭折

另外，還有一種叫 Shared Paternal Leave and Pay，由嬰兒父母 Share 假期及薪金，但比較複雜。

經驗分享

以上介紹的只是法例規定的最低保障，很多公司都有自己的一套產假及侍產假政策 (Maternity / Paternity Leave Policy)，以筆者其中一間前公司為例，在產假期間頭 26 週可以領取全額薪金，及後 26 週五份之四的薪金；故建議可向公司查詢清楚。另外，在私隱條款下，你在申請工作及面試時並不需要向僱主透露是否懷孕，在需要通報公司有關產假的安排前亦無須通知任何人，要小心留意。

XII. 退休金
Workplace Pension

Workplace Pension Scheme 是英國類似強積金的退休金計劃，它讓你和你的僱主每月把你薪金的一部份放進退休基金計劃內儲蓄及投資，直到退休（或 55 歲）才可以把存款提出，以保障你退休後的生活。

什麼人需要加入計劃？我可以退出嗎？

目前英國法例規定，只要你符合以下條件，你的僱主必須為你提供退休金計劃及供款：

- 你是公司的員工
- 年齡在二十二歲及法定退休年齡（目前是 66 歲）之內
- 年收入 £ 10,000 以上
- 你通常在英國工作

你的僱主會自動將你加入計劃內，但你有權選擇隨時退出 (Opt Out)，如你在加入後第一個月內退出，你首月的供款將會退回給你，但在第一個月之後才退出，已供款部份並不會退回，直到法定退休年齡。

我需要多少供款？

目前僱主和僱員每月合供最低供款額為月薪的 8%，而僱主負責的部份最低供款為 3%，換句話說，在這情況下，你的供款是 8%-3% = 5%。當然，假設如果你的僱主比較有良心願意供款 8% (已到達法定下限)，你便不用供款。每間公司都有不同的退休金配對系統，建議可以向公司人事部查詢。

政府有資助嗎？

政府會為你的退休金供款提供稅務優惠 (Tax Relief)，最常見的一種是把你供款部份的稅款退回並存入你的退休金中：

假設你將稅後薪金 £40 存入退休金中 (以 20% 稅率，即是你稅前付了 £50，其中 20% 即 £10 是稅項)，政府會將你已付的 £10 稅項退回存回你的退休金中，變相退休金供款是免稅的。還有其他方式例如以直接稅前薪金供薪 (變相高稅率者可減少交最高稅率稅項的比例) 或 Salary Sacrifice (與稅後供款法類似，但因直接減少薪金，變相連 NI 供款也減小了，可再節省一點，這類比較複雜而且每間公司不同，亦是建議向公司人事部查詢詳情)。

退出後可以重新加入嗎？

可以，你可以隨時通知僱主你希望重新加入退休金計劃，但僱主每年只需要為你申請加入一次：假設僱主在 2020 年 3 月將你加入計劃，而你在同月退出，再在 6 月要求僱主重新加入，僱主最遲可以於足一年後在 2021 年 3 月才重新把你加入計劃。

如何管理退休金？我可以轉換供應商嗎？

目前最常見的退休金公司之一是 NEST—National Employment Saving Trust，NEST 是為了配合政府強制性退休金而設的退休金計劃，與其他門檻較高的私人退休金計劃不同，基本上它會接受任何僱主成為會員，而且收費較低，故很多小公司都會使用 NEST 作為退休金公司。

NEST 提供不同的投資基金，例如以退休年份為目標的 Retirement Date Fund：
假設你的目標退休年為 2055 年，2055 Retirement Fund 的目標就是將基金以 2055 年為目標達到最大的回報；還有其他不同高 / 低風險基金，會員會在第一個月收到帳號和密碼，隨時登入網頁管理自己的退休金，而你亦有權利隨時轉變不同的退休金公司。

什麼時候可以從基金提款？要扣稅嗎？

以目前法例，你可以從 55 歲開始從退休金提款，頭 25% 是免稅的，而其後的部份則會視作一般 Pay As You Earn (PAYE) 收入，按照現有稅率計算你需要付的稅額。

舉例說，你的基金有 £40,000，其中 25%（£10,000）可以免稅拿出來，如你決定剩下的 £30,000 也同時提出，假設你沒有其他收入之下，£30,000 減去年度免稅額（以 2022 年計為 £12,570），你需要交的稅款是 £3,486(=(30,000-12,570) x 20%)。
故此，一般做法都是把退休金分開多年慢慢提出，減少需要付稅的情況。

我要離開英國了，可以在 55 歲前把退休金拿走嗎？

理論上是不可以（除非你願意付高達 55% 的稅項及額外 20-30% 的第三方服務費），但你可以把退休金轉到其他國家的認可計劃 (QROPS)，目前香港便有 4 間，但暫時台灣沒有任何一間供應商是在 QROPS 內，所以台灣的朋友看來必須忍耐到 55 歲或要付高稅率把退休金拿出了。

XIII. 國家退休金怎樣才有資格領取？金額有多少？

New State Pension 是現時適用的國家退休金，合資格人士在到達法定退休金年齡後，每星期可領取政府發放的退休金，情況有點類似香港的「生果金」。

領取資格

· 男士於 1951 年 4 月 6 日，女士於 1953 年 4 月 6 日之後出生
· 最少 10 年 National Insurance 合資格年期 (Qualifying Years)：
  - 受僱並週薪達 £123（週薪達 £183 才開始需要供款）
  - 自僱、無業或海外工作期間也可選擇自願供款以滿足供款年期
  - 如因失業或各類原因無法工作等沒法供款，可領取 National Insurance Credits 代替

· 無資產限制
· 無入息審查，即可以繼續工作而同時領取退休金
· 到達法定退休年齡 (State Pension Age)，可在政府網站輸入出生日期查詢預計法定退休年齡，政府會不時檢討及調整

網址：https://www.gov.uk/state-pension-age

例子（以 2020 年 7 月的最新規定）：
1955 年 1 月 1 日出生，法定退休年齡為 66 歲
1962 年 1 月 1 日出生，法定退休年齡為 67 歲
1979 年 1 月 1 日出生，法定退休年齡為 68 歲

退休金金額

· 以稅務年度 2022-2023 年計算，退休金全額 (Full New State Pension) 為每週 £185.15
· 退休金全額會根據通脹等因素每數年作出調整
· 領取金額視乎你的 National Insurance 合資格年期（詳情參看上面領取資格）
· 要領取全額退休金，你必須有 35 年合資格年期
· 如果合資格領取退休金但並不足 35 年合資格年期，你每週能領取的退休金金額會以 35 年為基準按比例調整

例子：
你退休時有 20 年合資格年期，你每週退休金金額為 £105.8(= £185.15 × 20 / 35)

如何申請？

通常在達到法定退休年齡前兩個月，政府會寄出信件提醒你登記，可以透過以下方法登記：

網上：https://www.gov.uk/get-state-pension （除北愛爾蘭外所有地區）

網上：https://www.nidirect.gov.uk/services/get-your-state-pension （北愛爾蘭）

下載及填寫表格，並交到各地的退休金中心

搜尋退休金中心地址：https://www.gov.uk/find-pension-centre

如何領取？

· 一般每四星期會發放一次你應得的退休金款項

· 身處海外亦可獲發退休金

　- 可以選擇每四或十三星期發放一次

　- 除了在歐洲經濟區、瑞士、直布羅陀及其他有跟英國簽署社會保障協議的國家外，你的退休金不會按年因應通脹作出調整

　- 海外戶口的金額會以當時匯率轉換成當地貨幣，所以獲發金額會有波幅

第六章
稅務在英國

I. 入息稅完全分析

英國課稅年度由每年四月六日至翌年四月五日為止。

由於一般受僱工作都是經 Pay As You Earn (PAYE) 系統出糧，僱主會從你的薪水中直接扣除入息稅和 NI 供款，然後才發放給你，所以填寫報稅表並不是必要，除非你還有其他收入。這個制度能夠保障英國政府不會被拖欠稅款，這可能由於普遍外國人都沒有儲蓄的習慣吧！

以下是入息稅稅務簡介，如有疑問請自行向稅務局或會計師查詢。

1. 個人免稅額

現時（2022-2023 稅務年度）基本個人免稅額為 £12,570，失明人士額外多 £2,500。

已婚人士如收入低於 £12,570，而配偶收入不多於 £50,270（蘇格蘭為 £43,662），可以選擇轉讓 £1,260 免稅額到較高收入那位身上。另外，除了屬政府福利的津貼（不適用於簽證持有人）外，英國並無子女免稅額可供扣稅。

> 例子：
>
> 夫婦和兒子三人家庭，丈夫全職工作收入 £40,000，妻子兼職收入 £12,000。妻子收入低於免稅額，不需交稅，並可以轉讓 £1,260 免稅額給丈夫，所以丈夫免稅額為 £13,830 (= £12,570 + £1,260)

此外還有利息免稅額、股息免稅額、出租物業收入免稅額 £1,000、自僱免稅額 £1,000 等。而一但收入超過 £100,000，每多 £2 收入就會被扣取 £1 免稅額，換言之，如果收入超過 £125,000，免稅額便會歸零。

2. 稅率

以下假設你的個人免稅額為基本免稅額 £12,570，即沒有調整過扣稅或課稅。

所有地區（蘇格蘭除外）：

稅階	應課稅入息	稅率
個人免稅額	首 £12,570	0%
Basic	其後 £12,571 至 £50,270	20%
Higher	其後 £50,271 至 £150,000	40%
Additional	其後超過 £150,000	45%

註：按照 2022 年 9 月迷你預算案中公佈，由 2023-2024 年稅務年度起，20% 之 Basic 稅階將會調低至 19%。

蘇格蘭：

稅階	應課稅入息	稅率
個人免稅額	首 £12,570	0%
Starter	其後 £12,571 至 £14,732	19%
Basic	其後 £14,733 至 £25,688	20%
Intermediate	其後 £25,689 至 £43,662	21%
Higher	其後 £43,663 至 £150,000	41%
Top	超過 £150,000	46%

例子：

倘若你住在英格蘭，而全年稅前入息為£54,000，個人免稅額為£12,570

稅階	應課稅入息	稅率	應繳稅款
個人免稅額	首£12,570	0%	£0
Basic	其後£12,571至£50,270	20%	£37,700 × 20% = £7,540
Higher	其後£50,271至£150,000	40%	£3,730 × 40% = £1,492
			合共 £9,032

3. Tax Code

絕大多數打工人士的 Tax Code 皆為 1257L，數字代表個人免稅額，如 1257 代表£12,570。英文字母代表你的稅務狀況，L 代表你擁有基本免稅額。詳情可以參閱 https://www.gov.uk/tax-codes。

如果在 PAYE 系統內發現自己的 Tax Code 出錯，請馬上跟公司人事部聯絡更正，否則你可能會因此而多繳了稅款。

4. 薪金計算機

如果你想知道實際上每月可收到多少薪金，網上也有一些薪金計算機可供參考，例如 Take-Home tax calculator (https://www.thesalarycalculator.co.uk/salary.php)。

11. 薪金都已經除稅，還需要每年再報稅嗎？

在英國，你每月實際在銀行戶口所收到的是除稅後薪金 (After Tax Salary)，僱主會代你從薪金中扣除並直接向稅務局 (HMRC) 繳交你應繳付的稅款，但這不代表你就不需要再填交報稅表 (Self Assessment Tax Return)。

因為你的其餘收入，如利息、股息、買賣收益、海外收入等，都沒有自動扣稅，而且初到英國未有正確 Tax Code、轉工等因素，僱主代交的入息稅有時未必準確，所以填交報稅表可以確保你沒有多交了稅而不值，或少付了稅而冒上逃稅的犯法風險。

UK 英適生活

主動報稅避免逃稅風險

若你的薪金是你的唯一收入，肯定自己沒有多交或少付稅款，則不需填寫報稅表。不肯定的可以到 GOV.UK 查看你的情況是否需要填寫報稅表。

簡單而言，填寫報稅表即是把你過去一個稅務年度中，所有的收入和有稅務優惠的個人或家庭狀況都填進去，讓稅務局準確計算出你在該稅務年度中應繳付的稅款，再跟你實際已繳付的稅款比較後，獲得退稅或需要補交稅款。

報稅表分為網上版和紙張版，建議選用網上版，容易填寫、無寄失風險、截止日期遲三個月、更可即時計算出稅款不需要等候。第一次報稅需要先到 GOV.UK 登記。和一般政府表格一樣，填寫報稅表時會有很清楚的指示和解釋，只要跟著指示一步一步把資料填寫好就可以。

報稅需知

當中需要填寫不同的入息資料，建議先把僱主提供的 P60 和 P11D 表格準備好，也先從網上銀行或投資平台等地方取得你的利息、股息、買賣收益、海外收入等資料。留意有些網上銀行（特別是香港的銀行）不會保留太長時間的戶口或交易紀錄，建議養成經常下載或備份銀行紀錄的習慣。

報稅表需要在稅務年度完結（四月五日）後的十月三十一日前（紙張版）/ 一月三十一日前（網上版）填好和提交，並在一月三十一日前補交未繳稅款。也有個別情況需要提早提交報稅表，第一次填網上版報稅表，也要預留數週時間收取稅務局信件發出的網上戶口啟動編碼。

III. 如何計算 National Insurance 供款

當你受僱收入超過每周£242，或自僱而每年獲利超過£6,725，你便需要為 NI 作供款。不同人士會有不同的 NI 供款類別，大致上受僱人士的供款是屬於 Class 1，而自僱人士的供款是屬於 Class 2、4。雖然你並不需要等待取得 NI Number 便可開始工作，但還未申請的請看第二章《工作必備：National Insurance Number》一文。

1. 受僱人士的 National Insurance

Class 1 供款表：

入息	NI 供款比率
每周£242 至£967（每月£1,048 至£4,189）	13.25%
每周超過£967（每月超過£4,189）	3.25%

例子：倘若你的全年稅前入息為£54,000。

全年入息	NI 供款比率	應繳 NI 供款
首£12,570	0%	£0
其後£12,571 至£50,270	13.25%	£37,700×13.5% = £5,089.5
其後超過£50,270	3.25%	£3,730×3.5% = £130.55
		合共 £5,220.05

註：由 2022 年 11 月起，以上各 NI 供款比率會減 1.25%，回復至 2021-2022 稅務季度水平。

2. 自僱人士的 National Insurance

自僱人士的 NI 供款計算方法有少許複雜，如果全年獲利介乎 £6,725 至 £11,909，只需付 Class 2 供款，如果超過 £11,909 就要付 Class 2 和 Class 4 供款。

· Class 2 供款不論利潤如何，一律為每周 £3.15，即全年 £163.8。

· Class 4 供款為下表：

全年利潤	NI 供款比率
£11,909 至 £50,270	10.25%
其後超過 £50,270	3.25%

例子：倘若你的全年稅前利潤為 £54,000。

類別	全年入息	NI 供款比率	應繳 NI 供款
Class 2	—	—	£163.8
Class 4	首 £11,909	0%	£0
	其後 £11,910 至 £50,270	10.25%	£38,361 × 10.25% = £3,932
	其後超過 £50,270	3.25%	£3,730 × 3.25% = £121.23
			合共 £4,217.03

註：由 2022 年 11 月起，以上各 NI 供款比率會減 1.25%，回復至 2021-2022 稅務季度水平。

IV. 原來海外物業放租、投資收入也需要繳英國稅?

身為英國納稅人（全職學生除外），所有海外的收入也需要繳交英國稅，這一點很多人也不為意，始終現時機制是需要自己申報。但早前英國稅務局已經與全球大部份國家合作，互報國民的銀行戶口資訊去追查逃稅，如有查獲逃稅需要罰交多一倍稅款，請做個守法的公民，不要以身試法。

Domiciled vs Non-domiciled

外地移居英國的人：
- 視原居地為永居地的是 Non-domiciled Resident，
- 視英國為永居地的是 Domiciled Resident。

土生土長的英國人：
- 多數是 Domiciled Resident，一般以出生時父親的永居地為準，
- 也可以因為曾經移民而改變成 Non-domiciled Resident。

Non-domiciled Resident 需要為每個稅務年度內為 £2,000 以上海外收入繳稅，£2,000 以下並有匯款或帶進英國境內的海外收入也需要繳稅，

必須在報稅表（Self Assessment Tax Return）中申報，並選擇以下其中一種稅制為海外收入課稅：

1. 英國入息稅的計算方法：

即等同 Domiciled Resident 的課稅方式，不論國內或海外收入都以同一入息稅計算方式課稅。

2. 匯款制（Remittance Basis）：

- 即是只把匯款或帶進英國的海外收入繳稅，但你會失去入息稅和資本利得稅的所有免稅額；
- 需要按在英國居住年期繳交年費：
    - 過去九個稅務年中有七年或以上居住在英國需要交 £30,000 年費；
    - 過去十四個稅務年中有十二年或以上居住在英國需要交 £60,000 年費。

經驗分享

除非海外收入金額非常大而不介意失去所有免稅額，及不介意七年後每年交付高額年費（除非不打算居住在英國超過七年），不然的話不建議選擇匯款制去處理海外收入課稅。

不選擇匯款制意味著你所有海外收入都需要繳交英國稅，所以建議在移居英國之前先處理好海外資產，比如變賣漲了價的股票、房地產轉名等，以免要為股息、租金收入、買賣收益等繳交英國稅或冒險逃稅。

V. 免稅投資及儲蓄大法： ISA

英國的稅制會對包括利息、股息、股票或基金買賣收益等徵收稅款，但 ISA 戶口（Individual Savings Accounts）內的一切收益則是免稅的，所以必須好好運用。在每個稅務年度（由每年四月六日開始至翌年四月五日）每人會有一個免稅額上限，2022-2023 稅務年度免稅額上限是 £20,000，代表你可以該年內最高存入 £20,000 進 ISA 戶口，提款是不會還原已使用的免稅額。

例子：
年初存入 £12,000 到 ISA 戶口，年中提走 £5,000，雖然 ISA 戶口內只剩 £7,000，但免稅額仍維持不變，即是該稅務年度完結前只可存入最多 £8,000。

經驗分享

要小心安排使用你的 ISA 免稅額，若手頭流動現金不足，
又有機會用完年度免稅額上限，不建議在稅務年度過早
存入 ISA 戶口，以免需要現金週轉時要提走 ISA 戶口內
的存款而導致最後有現金可以存入但免稅額已用完。

當然到稅務年度完結前便可以盡量存款，因為新的稅務
年度免稅額會被重設，上一年度未用完的也不會累積到
新一年。順帶一提，往年已存入在 ISA 戶口內的存款會
一直保持免稅狀態直至你提走為止。

ISA 有哪幾種？

ISA 分為四類：

- Cash ISA 包括定期和活期現金存款；
- Stocks and shares ISA 包括買賣各類股票、證券、基金等；
- Innovative finance ISA 包括投資在點對點借貸及眾籌債券等創新投資；
- Lifetime ISA 名為終生儲蓄，有點類似退休金供款，50 歲前每年最多
  可以存入 £4,000 作現金存款或證券投資，政府會按你新加入的存款
  加送 25% bonus，但你只能在特定情況下提款，包括首次置業（£450k
  以下）、年滿 60 歲、患上危疾剩下不足一年壽命，其他情況下提款
  需要繳交費用（現時為 25%，即要除扣回 bonus 外還要額外繳交罰款，
  請參考以下例子）。

例子：

存入 £1,000 進 Lifetime ISA 戶口，政府會加送 £250 bonus，非因患上危疾或首次購買 £450k 以下物業而在 60 歲前提取全數 £1,250 的話：現時需要繳交 £312.5 (= £1,250 x 25%)，即等同政府的全數 bonus 以外額外再加 6.25%

以下為各類 ISA 開戶條件：

- 必須為 18 歲以上英國居民
- 16 歲以上可以開設 Cash ISA
- 超過 40 歲不可以開設 Lifetime ISA

經驗分享

各銀行、投資機構都有不同的 ISA 戶口提供，建議小心比較再選合適的，因為每個稅務年度內每種 ISA 類型只能開一個新戶口。四種 ISA 共用同一個年度免稅額上限，你可以把錢從一個 ISA 戶口轉到另一個 ISA 戶口，但需要填表申請和花數星期時間處理。

VI. 投資買賣及股息 也需要繳稅？

有做投資的話少不免要向英國政府繳交資本利得稅和股息稅。

資本利得稅 Capital Gain Tax

當賣出資產時有利潤，即賣價比買價高時，收益需要繳交利得稅。這些資產包括股票、證券、基金、加密貨幣（Cryptocurrency）、非自住物業或房地產、除車以外價值 £6,000 以上的個人財產。而外幣買賣、英國政府發行的國家債券、在 ISA 戶口內的所有投資資產、賭博、彩票或獎券則不需要繳交利得稅。

自住物業定義及賣出寬限期

賣去自住物業或房地產不需付資本利得稅，名為 Private Residence Relief，但必須符合以下所有條件：

- 該物業必須為你的唯一居所，而且擁有以來一直為你的主要居所並住在其中

  - 已婚夫婦或同居伴侶同一時間只可有一個物業作為二人的主要居所
- 沒有任何部份出租
- 沒有任何部份作商業用途
- 平面總面積不多於 5,000 平方米
- 不是為了賣掉獲利而買回來

由於售賣物業需時，故此會有九個月寬限期，即在搬出後九個月內完成賣出交易，也可獲得豁免資本利得稅。因為海外物業投資也要繳付資本利得稅，假如港人抵英後九個月內出售在港物業，也可享 Private Residence Relief。而限期過後售出在港物業，則要繳付 18%-28% 資本利得稅。

此外，亦其他特殊情況可獲較長寬限期，包括業主為傷殘人士等，詳情請看以下網頁：

https://www.gov.uk/tax-sell-home/absence-from-home

資本利得稅免稅額

每人也享有資本利得稅免稅額（Annual Exempt Amount(AEA)），2022-2023 稅務年度免稅額為 £12,570，超出免稅額的那部份利潤收入，會根據以下類別和入息稅等級而定的稅率課稅（最後更新準確至 2022-2023 稅務年度）：

賣出資產類別	稅率（入息稅等級：Basic）	稅率（入息稅等級：Higher/Additional）
除房地產和基金經理利潤分成 (Carried Interest) 以外的資產	10%	20%
房地產和基金經理利潤分成	18%	28%

股息稅 Tax on dividends

股息稅方面，股息收入連同其餘其他個人總收入不超過個人入息免稅額（2022-2023 稅務年度為 £12,570）的話，無需繳交股息稅。也有股息免稅額（Dividend Allowance），2022-2023 稅務年度免稅額為 £2,000，超出股息免稅額的那部份股息收入會根據你入息稅等級而定的稅率課稅，稅率如下（最後更新準確至 2022-2023 稅務年度）：

入息稅等級	股息稅率
Basic	8.75%
Higher	33.75%
Additional	39.35%

註：按照 2022 年 9 月迷你預算案中公佈，由 2023-2024 年稅務年度起，以上各股息稅率會減 1.25%，回復至 2021-2022 稅務季度水平。

VII. 儲蓄利息也需要繳稅？

英國會對存款所得利息徵收利息稅。若你的其餘個人總收入不超過個人免稅額（Personal Allowance），2022-2023 稅務年度免稅額為 £12,570，無需繳交任何入息稅，並享有 £5,000 起始利息免稅額（Starting rate for savings），個人總收入超過 £12,570 每多 £1，起始利息免稅額就減 £1，如下表所示：

全年個人總收入 (利息除外)	起始利息免稅額
少於或等於 £12,570	£5,000
£12,570 < y < £17,570	£17,570 — y (參見下面例子)
多於或等於 £17,570	£0
Additional	39.35%

利息除外的全年個人總收入在 £12,570 和 £17,570 之間，起始利息免稅額的例子如下：

全年個人總收入（利息除外）	起始利息免稅額
£13,570	£4,000
£15,070	£2,500
£17,070	£500

另外還有個人利息免稅額（Personal Savings Allowance），如下表所示根據你的入息稅等級（Income Tax band）而定。超出個人利息免稅額的那部份利息收入會根據你入息稅等級的稅率課稅：

入息稅等級	個人利息免稅額
Basic	£1,000
Higher	£500
Additional	£0

如果你的入息稅等級在 Higher 或以下（即收入 £150,000 以下），會享有至少 £500 免稅額，過去在低息環境下全年利息收入也不多，所以大部份人基本上都不需要繳交利息稅。不過隨著 2022 年開始全球利率飆升，利息收入有機會超過利息免稅額，到時便要乖乖繳稅了。

第七章
行在英國

UK 英適生活

I. 倫敦 Underground 到底如何收費？甚麼是 Contactless Payment？

交通方面，倫敦交通方式以鐵路 (Underground(Tube)/Overground/Train) 及巴士為主，除此之外另有輕軌 DLR 和 Tram 等。Transport for London (TfL) 將倫敦劃分為九區 (Zone 1-9)，大部份市中心地帶（如一般觀光景點）為 Zone 1，擴散到外圍地區（如 Heathrow Airport 希斯路機場位於 Zone 6），以作收費的 Fare Zone 參考。

付費方式

由於票價根據付費方式會有所不同，我們先簡單了解一下：
Tube 大致上有四種付費方式，分別是單程票、Oyster Card、Contactless 及 TravelCard，而巴士和 Tram 除了沒有單程票外，其他三種方法亦適用。

行在英國

1. 單程票

顧名思義，即是以現金購買單程票，但票價比起其他付費方法奇貴，純粹參考，絕不建議。

2. Oyster Card

即英國版八達通 / 捷運悠遊卡，採 Pay as You Go 形式，搭多少付多少。在地鐵站或街邊轉角雜貨店都可買到，增值 (Top Up) 亦可在站內增值機，雜貨店或 TfL App 內進行。卡費全免，只需付 £5 按金（可退回），初到倫敦者亦可在希斯路機場的地鐵站或在格域機場 (Gatwick Airport) 火車站買到。

3. Contactless

TFL 接受 Contactless Debit/Credit Card 或手機感應式付款如 Apple Pay/ Google Pay，用法與 Oyster Card 類近，謹記用同一張卡拍卡出入便可。

4. TravelCard

週票 (Weekly)、月票 (Monthly) 及年票 (Annual) TravelCard。

II. 倫敦坐車恩物：
TravelCard 及車費上限

車費上限 Daily Cap 及 Weekly Cap

在倫敦車費計算系統中，車費上限Daily Cap和Weekly Cap是重要一環。Daily Cap 每日上限，顧名思義，每天乘車到達某個金額後，以後的車程則不再收費。以 Zone1 到 2 為例，每日上限為每日 £7.7，假設我在同一天的繁忙時間中搭乘了五程 Zone1 到 Zone2 之間的車程，TfL 並不會收取 £3.0 × 5 程車費，只會最多收取 £7.7 的每日上限。

而 Weekly Cap 則是每週上限，從星期一到星期日計算，週內車費達到週上限後便不再收費，再以 Zone1 到 2 為例，每週上限是 £38.4（平均每日 £5.49）。而如果全日只乘坐巴士或電車，每日上限為 £4.95，即乘坐三程以上不再收費，每週上限為 £23.30。

TravelCards

除了每日上限同每週上限以外，亦設有月票和年票，持有人可在規定時間內無限次使用。如果預計全月甚至全年都會乘搭 TfL，是不錯的選擇。以 Zone1 到 2 為例，月票為 £147.5（以 30 日計算等於每日 £4.92），年票為 £1,536（約每日 £4.21），可見越長時間的車票越為便宜。其他 Zones 的價格上限和 TravelCards 詳情可參考以下網址：https://content.tfl.gov.uk/adult-fares.pdf。

特別介紹：Citymapper Pass

除了官方 TfL 以外，著名的地圖 App Citymapper 亦有推出自家的 Zone 1-6 週票，價錢略比 TfL 的便宜：

Zone1-2 Citymapper Pass 每週 £34.7，一開始必須最少購買四週（即 28 日 £138.8），同樣可無限乘搭 Zone1、2 之間的地鐵、火車和巴士。另有一款 Superpass 再包含單車及少許 Black Cabs 和 Minicabs，盛惠每週 £40.7，在 App 內完成手續購買即可，詳細可參考 https://citymapper.com/pass。

經驗分享

倫敦車費計算和不同的服務計劃比較複雜，如何得出最便宜的乘車方法也因人而異（如上班時間不同或另外持有 Rail Card 優惠），建議初到英國的你不用著急購買太長有效期的車票，可在安頓後才根據自己的情況再慢慢選購。

III. 倫敦公共交通工具有多貴？票價介紹

Tube/Overground/DLR 收費

之前提過倫敦以 Zone 計算車費，但特別的是並不單純以為行程橫跨的 Zone 數目計算，而是根據你行程中經過了哪一個 Zone(s)。

為了減少市民進出 Zone1 市中心區域，進出 Zone1 的車費會比較貴，如果行程中有經過 Zone1，即使你只是由 Zone1 坐到 Zone2 共 2 個 Zone，也可能比你由 Zone2 到 Zone6 共 5 個 Zones 貴。

除此之外，收費亦根據時段有所不同。TfL 將乘車時段劃分為繁忙時間 (Peak Hour) 和非繁忙時間 (Off Peak)，提供優惠鼓勵市民多於非繁忙時間通勤減低人流：

Peak：星期一至五 06:30 至 09:00，16:00 至 19:00

Off Peak：繁忙時間以外所有時間，包括星期六、日和公眾假期

有了 Zone 和 Peak 的基本概念後，我們看比較一下票價。

以 Zone1 到 Zone2 為例：

	Oyster	Contactless	單程票
Peak Hour	£3.2	£3.2	£6.3
Off Peak	£2.6	£2.6	£6.3

從此得知非繁忙時間會比繁忙時間乘車便宜，也可見 Oyster 和 Contactless 同價，以及單程票不合理地貴，所以千萬不要購買。

Zone2 到 Zone5：

	Oyster	Contactless	單程票
Peak Hour	£2.9	£2.9	£6.3
Off Peak	£1.9	£1.9	£6.3

可見沒有經過 Zone1 的車程會較便宜，但必須整個行程（即使沒有下車或出閘）都沒有經過 Zone1。

巴士 /Tram 收費

倫敦巴士 /Tram 的收費則簡單得多，全日不分時段統一收費每程 £1.65，拍卡後一小時內轉乘免費。

IV. 買火車票原來也有特別技巧 各種 RailCard 介紹

英國火車票價出名昂貴，倫敦來回曼徹斯特 4-5 個小時的車程由 £60-70 起跳，更莫說住在倫敦外圍的通勤族每天進出倫敦上班，每年的車費可以高達數千英鎊，但其實要節省火車費用還是有辦法的。

英國國家鐵路公司 National Rail 推出了不同的火車卡 (RailCard)，在符合條件下，只要支付年費後，便可以享用部份（大部份非繁忙時段 Off Peak 班次）1/3 off 票價優惠（約 66 折 /33% off），一兩程火車算起來，省掉的錢便可把年費補上了，而且部份 RailCard 還可連接你的 Oyster Card 在非繁忙時段的 Underground 也同樣享有 1/3 off 的優惠呢！

優惠限制

由於火車卡種類繁多，而其優惠限制亦有些微不同之處，本文只先列出大部分共同之處，詳情煩請各讀者購買前再細心詳閱，文章結尾將會附上官方連結作參考。

一般來說，火車卡的優惠適用於：

· Anytime、Off Peak 及 Super Off Peak 標準艙 (Standard Class) 車票
· Advance 標準艙及頭等艙 (First Class) 車票
· 大部份來回倫敦機場火車，如 Gatwick Express、Heathrow Express 及 Stansted Express
· PLUSBUS（倫敦外巴士服務）
· 連同進入倫敦的火車票加購 Zone 1-9 Day TravelCard

不適用於：

· 季票（週 / 年票）(Season ticket)
· Eurostar 歐洲之星車票
· 除 Advance Ticket 外其他頭等票
· 直接購買倫敦 Underground 車票

火車卡種類

16-25 RailCard

資格：16-25 歲人士，及 25 歲以上英國全日制學生

費用：一年期 £30，三年期 £70（只限 24 歲生日前申請）

優惠：享有倫敦地鐵、DLR 及倫敦部份火車 off peak 1/3 off 優惠 (Daily Cap 也有 1/3 off!)，只需到火車站把 RailCard 與 Oyster Card 連接上即可

26-30 RailCard

資格：26-30 歲人士

費用：一年期 £30

優惠：享有倫敦地鐵、DLR 及倫敦部份火車 off peak 1/3 off 優惠 (Daily Cap 也有 1/3 off!)，只需到火車站把 RailCard 與 Oyster Card 連接上即可

16-17 Saver

資格：16-17 歲人士

費用：一年期 £30

優惠：享有倫敦地鐵、DLR 及倫敦部份火車 off peak 50% off 半價優惠 (Daily Cap 也有 50% off!)，只需到火車站把 RailCard 與 Oyster Card 連接上即可

Disabled Persons RailCard

資格：殘障人士

費用：一年期 £20，三年期 £54

優惠：享有倫敦地鐵、DLR 及倫敦部份火車 off peak 1/3 off 半價優惠 (Daily Cap 也有 1/3 off!)，只需到火車站把 RailCard 與 Oyster Card 連接上即可；乘坐火車一名同行朋友也享有 1/3 off 折扣；可購買任何時間的車票

Family & Friends RailCard

資格：同行必須連同一名 5-15 歲兒童

費用：一年期 £30，三年期 £70

優惠：最多可以四名成人及四名兒童同時使用

Network RailCard

資格：16 歲以上

費用：一年期 £30

優惠：最多可以同時四名成人及四名兒童同時使用，只適用於指
　　　定東南倫敦區域 (https://www.network-railCard.co.uk)

Senior RailCard

資格：60 歲或以上人士

費用：一年期 £30，三年期 £70

Two together RailCard

資格：16 歲以上人士

費用：一年期 £30

優惠：必須二人同行

購買方法

大部分 RailCard 已更改為只限線上購買，你可以到相關火車卡官方網
站 https://www.RailCard.co.uk，選擇數碼版及實體版卡種，然後付款即
可，使用時將 RailCard 連同火車票出示（實物或下載相關手機應用程
式連接數碼版火車卡）。

總結

在辦好火車卡後，買火車票時可以於 RailCards 選擇適合卡種，不論在
售票機或網站亦會自動享有優惠，謹記遇到查票時火車卡亦與火車票一
同出示。除了 RailCard 外，倫敦地鐵還有一系列 Oyster Card 優惠予不
同人士。

V. 為倫敦小童及全職學生而設的 Oyster 優惠

除了給予 16-17 Saver、16-25 及 26-30 RailCard 乘車折扣外，TfL 還有一系列優惠 Oyster Card 給予學生和社會不同需要人士。這包括了給軍人的 Veterans Oyster、60 歲以上長者的 60+ Oyster、正在找尋工作和其他受社會保障人士的 Jobcentre Plus、Bus & Tram Discount 及 18 歲以上學生等。

這裡特別想提及的分別是 5-10 Zip、11-15 Zip 及 16+ Zip Oyster：

5-10 Zip Oyster

為 5-10 歲兒童而設，不僅可免費乘坐 Underground、巴士、DLR 和 Overground 等 TfL 服務，而且乘坐 Thames Clipper 渡輪和 Emirates Air Line 的航班時也可享有折扣

11-15 Zip Oyster

11-15 歲兒童適用，可免費乘坐巴士和電車，至於乘坐其他 TFL 服務則享有兒童優惠，同樣地亦有 Thames Clipper 折扣

16+ Zip Oyster

提供半價 TfL 服務予 16-17 歲青年，亦可以兒童價格購買 TravelCard 或 Bus & Tram 乘車證，如居住在倫敦可同時享有免費巴士及電車服務

申請方法

家長或監護人可在官方網站 (https://tfl.gov.uk) 搜索相關卡種及於網上申請。

VI. 免試換領英國駕駛執照教學

來到英國，地方大了，特別是倫敦以外地區，你很可能日常生活也需要駕車。在現行英國法例，只要你持有有效的正式駕駛執照，不論該駕照從什麼國家取得，你也可以在到達英國的首十二個月合法駕車，無需任何手續。

十二個月有效期後，還可以駕車嗎？

在十二個月後，如果你已在英國住滿 185 日，而你的駕照是來自歐盟、EAA 或以下與英國簽定了協議的國家，你可以免試直接換領英國正式駕駛執照，包括：

Australia, Barbados, British Virgin Islands, Canada, Falkland Islands,Faroe Islands, Gibraltar, Hong Kong, Japan, Monaco, New Zealand, Republic of Korea, Singapore, South Africa, Switzerland and Zimbabwe

註：駕照必須在以上國家以考試方式獲得，舉例說如果你的香港駕照是由非以上所列國家駕照換來的，則無法再以其換領英國駕照。換句話說，如果你手持台灣的駕駛執照，你最多只能在英國駕駛十二個月，過後你必須重新考獲英國駕照。

換證手續

換證手續很簡單，以香港執照為例：

· 先到郵局或在 DVLA 官網 (https://www.gov.uk/dvlaforms) 取得 D1 表格

· 填好表格，貼好相片，準備特區護照、BRP、香港駕駛執照正本及 £43 支票作申請費用

· 將所有文件一同郵寄到運輸署 DVLA（地址：DVLA, Swansea, SA99 1BT）

· 如沒問題，三星期內便可拿到新執照

註 1：如果你用英國護照或 BN(O)，無需寄出護照及 BRP。如你是以電話應用程式方式申請 BN(O) 簽證的話，由於簽證批出後並不會獲發 BRP，請登入到英國政府網頁取得 share code，然後填寫到表格上以便核實身份

註 2：如沒有支票，可跟郵局職員購買 £43 的 Postal Order

註 3：香港執照不會退回，如回港需要駕車可填寫 TD106 向運輸署申請駕駛執照複本

註 4：英國執照中 Category B 私家車類已包 3,500 公斤，8 座位下的輕型貨車，故無論香港 1/2 牌亦只會換到 Cat B，中型貨車 C1 牌需另考

註 5：外國駕照的年資可以直接轉換至英國，故英國駕照的 "Valid From" 應等同獲取外國駕照的日子，請檢查有否出錯。如你使用香港駕照牌齡已超過十年，請向香港運輸署申請 TD 320 駕駛執照細節證明，然後一同郵寄到 DVLA，否則你的英國駕照開始有效期只會按照該香港駕照發出日期而定

我應該儘早換領駕照嗎？

雖然首十二個月理論上可直接以香港駕照駕駛，但以外國駕照在英國不論是租車或購買保險等，也有可能比較麻煩及昂貴，所以建議還是住滿185 日就馬上換比較好。

經驗分享

申請文件建議以掛號 Signed For 方式寄出，作者曾經為了節省郵費而選擇了最便宜的平郵而又不幸地該郵件寄失了，結果因小失大，最後要在回香港時補領香港駕駛執照然後重新申請換領。

VII. 解拆 Congestion Charge 和 Ultra Low Emission Zone 費用

Congestion Charge

為了減少倫敦汽車流量，政府在 2003 年推出了名為 Congestion Charge 的收費，星期一至日 Congestion Zone 生效時間為星期一至五早上七時至晚上六時，星期六日及公眾假期為中午十二時至晚上六時。進入 Congestion Zone 範圍（i.e. 大部份 Zone1 City 區域）的車輛，除了部份的士，傷殘人士持有或提供緊急服務的車輛，均需要付 Congestion Charge 每天 £15，全年只有聖誕節豁免。

進出 Zone 並不會有明確的收費站或閘口等等，你必須行於網上申報及付款，否則有機會面臨 £160 的罰款。

Ultra Low Emission Zone(ULEZ)

而 ULEZ 則是政府為了改善空氣質素而在倫敦實行的另一收費，範圍與 Congestion Zone 相同，全年也是只有聖誕節豁免，其他任何時間進入 Zone 內，也有機會需要付款。如果你的汽車不符合廢氣排放標準而又駛進了 Zone 內，你便需要支付每天：汽車、電單車及小型貨車 £12.5，或重型車輛 £100 的費用，你可在以下網頁輸入車牌查詢符合要求與否：

https://tfl.gov.uk/modes/driving/check-your-vehicle/

所以駕車進入倫敦 Zone 1 時，要記得先檢查及完成付款手續，免受罰款呢！

VIII. 學懂看泊車指示 輕鬆泊車不違例

英國的 Car Parking 種類甚多，除了香港常見的多層停車場 (Multi Storey Car Park) 外，還有幾種是你出門旅遊或平常出門購買常常會遇到的：

1. Retail Park Carparking

英國不如香港般交通方便，而且地較多，很多大型超市 /Retail Park 都會為他們的顧客提供泊車位，出入通常沒有閘，而且大多是免費或憑消費便可換取泊車券，但為了防止被濫用，這些車場通常會設有 2/3 小時的時間限制，泊好車記得望望車場的指示牌看清楚免被罰款。

2. Park and Display

大多出現景點的收費式 Open Car Park 或部份橫街咪錶，同樣通常沒有閘口，只要把車駛進後找到空位泊好車後，到車場中一部部郵筒似的機器中輸入車牌，時間等再付費，便會拿到一張泊車證，把證放到車頭當眼處就可以了，但比較麻煩的是如果到時限想再補鐘（延時），你必須回去停車場再付費領取新的泊車證，所以現在也越來越多車場/Council 接受以 App 或短訊付泊車費了。

3. Controlled Parking Zone

在英國，大家應該對總是泊滿車的街道不會陌生，這些街道傍的畫線車位通常都被 Council 劃入 Controlled Parking Zone 的範圍，已被區內居民留用，故很多時間都限制只有持該區泊車證的車輛才可停泊，但其實亦有例外的。

Controlled Parking Zone 通常是有時效的，只有很少很少會 24/7 運作，所以可以在 Zone 內查看指示牌，以上圖為例，這個 Zone 的生效範圍是星期一至六早上八點半到下午五點半，換句話說就是在這段時間內，只有持 HW Resident Parking Permit 的車才可停泊；但亦代表在這段時間以外，任何車都可以隨意泊在 Zone 內的泊車位（灰色單虛線格內），所以出門旅行想省回停車錢也可以去街道搜索一下。

IX. 車輛年檢 MOT Test 及保養

MOT Test

車輛（包括私家車、電單車、商用車等）需要經常做檢查，確保符合道路安全標準及環保要求，法例規定你必須為車輛根據以下時限做 Ministry of Transport (MOT) Test 檢查。

新車	三年以上車齡
· 在車輛登記日起計三週年之前 · 如果是的士及載客九人以上車輛，新車每均需一年送檢一次	· 上一次 MOT 檢查後一週年之前

即一般私家車新車首三年無需送檢，可在第二年十一個月時才送檢，其後每年送檢一次。詳情請看 https://www.gov.uk/getting-an-mot/mot-test-fees

1. 預約及檢查

必須找合資格的檢查中心
(Approved MOT Test Centre) 做
MOT 檢查，各區維修車輛的車
房不少都有這資格，商舖會有
藍色底三個白色三角型的標示。
可以直接打電話去車房預約好
時間，然後按時駕車前往送檢。

檢查內容是按法例規定逐一檢
查，但並不包括全車每一部份，
主要檢查對安全有影響的重要
部份。一般需要一至兩小時，也
看有沒有需要維修或更換零件，
時間可能會更長。

經驗分享

程序跟平日到車房維修車輛差不多，如果車房
有空也可以順道要求他們做 MOT 要求以外的其
他維修，比如清洗空調系統之類，可以省卻再
來回車房和等候的時間。

2. 費用

每間檢查中心收費按車種有上限規定，不得多收，檢查費亦不需付商品增值稅 (VAT)，最高檢查費上限如下：

· 私家車 £54.85
· 電單車 £29.65
· 其他車種請看 https://www.gov.uk/getting-an-mot/mot-test-fees

檢查費以外會按需要維修或更換的零件再作收費，金額則由車房自己決定。

經驗分享

你可以先報價再決定是否在這家車房做維修，沒要求需要在同一地方作檢查及維修，但一般都會同一地方一次過做好，比較方便和省時。所以最好先在網上查明車房的信譽是否良好，避開騙錢的黑店，否則隨時遭要求更換沒必要換的零件和濫收費用。

行在英國

3. MOT 結果

MOT 檢查合格

· 會獲得 MOT 證書，並紀錄在 MOT 資料庫上
· 可能會有一些輕微問題或建議，需要關注或將來要維修

MOT 檢查不合格

· 會獲得 MOT 不合格證明 (refusal of an MOT test certificate)，並紀錄在 MOT 資料庫上
· 即發現車輛有重大或危險問題
· 亦可能會有一些輕微問題或建議，需要關注或將來要維修

在 MOT 不合格證明上有危險問題，在維修好之前不得駕駛該車輛，否則可以被罰款最高 £2,500、禁止駕駛及被罰三分。

不合格後重新檢查

· 留下在 MOT 檢查的車房維修，在十個工作天內作補充 MOT 檢查免再收檢查費
· 到其他車房維修，並在一個工作天內回來作補充 MOT 檢查免再收檢查費
· 到其他車房維修，並在十個工作天內回來作補充 MOT 檢查會收部份檢查費
· 其他情況則要重新付檢查費

4. MOT 到期日

· MOT 有效期為一年，到期日在最新一張 MOT 合格證書上列明
· 在到期日前一個月（減一日）內把車輛送檢做 MOT，可以維持你的新 MOT 到期日子（但加一年）
· 如過早把車輛送檢做 MOT，你的新 MOT 到期日子便會改為送檢日子的一週年（減一日）

例子：

假設你的 MOT 到期日為 12 月 11 日，你最早可以在 11 月 12 日把車輛送檢做 MOT，便可以保留同一日續期日，即下一次 MOT 到期日為明年 12 月 11 日。

若你在 11 月 5 日把車輛送檢做 MOT，你下一次 MOT 到期日會改為明年 11 月 4 日。

5. MOT 過期後果

· MOT 過期前未送檢，不可以駕駛該車輛或把它停泊在街道上

· 否則可以被檢控及罰款 £ 1,000

· 只有以下情況例外：

- 駕駛該車輛前往作 MOT 檢查

- 駕駛該車輛往返維修地點（需要維修後才可通過 MOT）

原廠保養服務

另外，大多車廠也有提供付費的保養服務計劃，他們一般建議每兩年作全面檢查及中間的一年作小規模檢查，會在紀錄冊上蓋印章，將來出售車輛時能證明保養良好，對開價有幫助。保養服務計劃大多也會附送免費 MOT 檢查，吸引你到原廠的合資格服務中心作保養及年檢。

X. 英國汽車保險介紹 如何減低保費？

和其他各種項目一樣，英國車保也是出名的貴，而且與香港不同之處，在於英國的車保是按人計（人跟車）的，只有已登記司機 (Named Driver) 才可以駕駛該部汽車，而不像香港只要為車買了保險後，Unnamed Driver 也可駕駛（最佳藉口拒絕朋友或另一半借車）。

投保方法

· 到 MoneySuperMarket、Confused 等格價網站
· 填寫關於汽車，以及受保司機的資料
· 選擇保額，保險類別等（目前英國最低要求是第三保）
· 選擇心儀計劃，轉到保險公司購買

保費計算方法

正常情況下，保險公司會根據以下因素決定保單價錢：

車種

· 馬力（假定越大馬力越容易發生意外）
· 年份（新車較多安全措施）
· 同款車申索保險次數（保險公司假定若同款車較多人索償保險，等於該車較大機會出事）
· Transmission（自動波會較貴）

司機

· 年紀（25 歲以下司機會較貴）
· 牌齡（例如 1 年內新牌會很貴）
· No Claim Bonus (NCB)，部份保險公司會接受在香港領取的 NCB 證明
· 職業

用途及全年里數 Annual Mileage

· 用途（通勤用車會比休閒用車貴）
· 里數（高里數代表你越長時間的馬路上，也較大機會發生意外）

住址及泊車地方

· Postcode（犯罪率高或意外率高地方較貴）
· 車位（泊街上比家外車道貴，車道又比有閘的私人停車場貴）

如何減少保費？

以下幾招是有可能減低車保的方法：

· 以無痕視窗查看保費

· 如果未買車，盡量選擇 Insurance Group 較前的車種。可參考網址：https://www.parkers.co.uk/car-insurance/insurance-groups/

· 直接致電保險公司，以手上目前最佳報價再跟他們還價

· 避免最後一分鐘投保，投保日期相距保單生效日期兩星期以上會較平

· 如 25 歲以下司機，可考慮 Black Box Insurance(根據駕駛者行為而非年資評定保費)

· 如牌齡不夠，可多加幾個牌齡很長的 Experienced Driver（有直屬關係較佳)

· 按年付費會比月費便宜

XI. 共享汽車 Enterprise Carclub 介紹

如果平時很少用到車，又嫌維修保養麻煩，租車是你的好選擇。除了傳統式的租車（例如固定地點如機場租車）外，Car Clubs 在英國也是一個近年興起的產業。

Car Clubs 泛指為在當地區域停泊，並提供短期租用的租車服務，他們標榜方便快捷，手續方便，與便利店一樣總有一輛在你附近，租借期更非常彈性，由 1 分鐘起跳到數小時或數天不等。

這次要介紹的是傳統租車公司 Enterprise 旗下的 Enterprise CarClub．雖然它們的價錢算不上最便宜，車種也沒有甚麼特別，但它的覆蓋率不錯，基本上在全國也可看到他們的踪影，而且最最最重要的是，它是很小數接受牌齡一年內的「新牌仔」使用服務的公司！

特點

· 接受海外駕照登記
· 接受牌齡一年內駕駛執照（22 歲或以上）；如 19-22 歲需有一年或以上牌齡
· 油費、保險已包在租車價錢內

註：如是新牌或在英國信用紀錄未達者，只能以英國 Credit Card 入會，Debit Card 會被拒絕

入會及使用方法

· 到官網 (https://www.enterprisecarclub.co.uk/gb/en/home.html) 根據居住地點查看服務計劃 (價格會根據地區而調整)

· 整體租車費大致上以車種、租期、駕駛距離而定，可作根據計算自己適合哪個計劃，例如 Standard Plus 比起 Standard 的租車費每小時貴約 £0.5，但卻包了 60 英哩，如果常短租數小時但會駕駛較長距離便適合不過

· 以倫敦 Standard Plus 為例：

Vehicle Class	Weekdays				Weekend			
	Hourly (£)	Daily (£)	Inclusive Miles	Additional Mileage (£)	Hourly (£)	Daily (£)	Inclusive Miles	Additional Mileage (£)
Small	7.65	61.55	60	0.27	8.15	65.55	60	0.27
Economy	8.90	73.60	60	0.27	9.55	78.80	60	0.27
Standard	9.40	78.00	60	0.27	10.10	83.65	60	0.27

截至 2022 年 8 月

Vehicle Class 方面，Small 大約是 Toyota Aygo 級數，適合 City 內短程，如去超市購物等；Economy 大約是 Ford Fiesta、Vauxhall Corsa 左右大小，2-4 人不太多行李的自駕遊也可；而 Standard 就會是再大一點的車種如 Ford Focus/Benz A-Series，能載多點行李，自駕遊坐滿 5 人也勉強可以

· Enterprise 也有提供不同的計劃選擇，價錢分平日和週末價，時租及日租（時租超過日租價錢以日租價錢為上限），非常有彈性

· 選好計劃後，填寫個人資料，付費申請入會

· 數天後會員卡會寄到府上，該卡同時在租車時用作匙卡

· 在網頁 /App 預約車輛

· 在預約時間到車輛所在地以匙卡開門

XII. 共享汽車 Zipcar 介紹

Zipcar 是另一間十分有名的 Carclub，主打倫敦、Bristol、Oxford 及 Cambridge 一帶，除了車數量多又新，有免費會員計劃外，它更提供了在不同地點租還車 (A to B) 的 Zipcar Flex 服務，十分彈性！

執照及年齡限制

年齡限制	23 歲或以上
牌齡	1 年或以上
被扣分數	不多於 3 分 (30-74 歲 6 分)

計劃

主要分為 Basic、Smart 及 Plus 三種（以小型車 Small Car 為例）：

Basic	Smart	Plus
月費：豁免	月費：£6	月費：£15
租金：£9.0/ 小時	租金：£7.0/ 小時	租金：£6/ 小時

截至 2022 年 10 月

日租已包了油費、保險、倫敦 Congestion Charge 及 Break Down Assistance，不同之處是 Plus 及 Smart 的時租及日租會較便宜，而 Basic 計劃則不收月費。雖然 Smart 及 Plus 計劃要付月費，但 Zipcar 會以 Credit 方式把月費轉還給客戶，所以如果是每個月都必定會租車的話，加入付費計劃也是不錯的選擇。

申請方法

· 在網上 (https://members.zipcar.com/) 或 App 申請
· 填寫資料，提供身分證明及駕照（不限英國）認證
· 數日後收會員卡
· 在網上 /App 約車
· 在預約時間到達，用 App/ 會員卡解鎖車
註：歸還時必須汽車有 1/4 油量以上

Zipcar Flex

Zipcar 的特色服務 Zipcar Flex 為你提供單程式 (One way) 租車服務，你不用再於同一地點租還車，而是可以在 A 租車、B 還車，以後出門購物買太多也不用怕，可以租 Zipcar Flex 駛回家了！

使用方法

與一般 Zipcar 無異，同樣是以 App/ 網上預約，但還車點必須位於其 Zipcar Zone 中，以每分鐘起計，最短租一分鐘也可以。

經驗分享

Zipcar 在倫敦的覆蓋面很廣，而且有免費的基本計劃可供選擇，建議可申請一張傍身。另外，Zipcar Flex 也是十分創新的服務，突然心血來潮想駕駛也完全沒有煩惱，只是車暫時未算十分多，要多用 App 留意附近有沒有車可供租用。

《英適生活》

作者：英適生活
出版經理：馮家偉
執行編輯：Gary, Erica
美術設計：Alan, Windy
出版：經緯文化出版有限公司
地址：觀塘開源道 55 號開聯工業中心 A 座 8 樓 25 室
電話：852-5116-9640
傳真：852-3020-9564
電子郵件：iglobe.book@gmail.com
網站：www.iglobe.hk

港澳發行：聯合新零售 (香港) 有限公司
電話：852-2963-5300

台灣地區發行：大風文創股份有限公司
電話：886-2-2218-0701

國際書號：978-988-76581-1-5
初版日期：2021 年 1 月
第 3 版日期：2022 年 11 月
定價：港幣 148 元 台幣 539 元

iGLOBE PUBLISHING LTD.
Rm25, 8/F, Blk A, Hoi Luen Industrial Ctr., 55 Hoi Yuen Rd.,
Kwun Tong, KLN

免責聲明
本書資訊更新至 2022 年 9 月 30 日止。
本書之作者與出版社已盡最大努力，確保本書所有之內容無誤。在根據本書的
內容採取或避免採取任何行動之前，您必須獲得專業人士或專家的建議。
惟若本書內容之錯誤而導致任何損失，本書作者與出版社將不負上任何責任。